KB265173

거꾸로 세계관

게임 편

거꾸로 세계관 —— 게임 편

초판 1쇄 발행   2024년 12월 2일
지은이   최정훈

펴낸곳   ㈜디씨티와이북스
출판등록   제16-3821호
주소   (06258) 서울시 강남구 도곡로 110
전화   02-529-7722
팩스   www.dctybooks.co.kr
전자우편   dcty@dctybooks.co.kr

ISBN 978-89-6804-073-3 (03230)

거꾸로 세계관

─── 게임 편

최정훈 지음

당신은
어떤 안경을 쓰고 있는가?

아끼고 좋아하는 대상을 건드리면 가만히 있을 수 없는 게 인지상정이다. 라이벌의 도발에 함께 발끈하는 인기 스포츠팀 팬이나 신상 출시 철야 오픈런을 불사하는 유명 브랜드 팬처럼.

내게는 게임이 그랬다. 그런데 나를 불쾌하게 만든 건, (게임하면 안 된다고 주장하는 사람들이 아니라) 게임 회사들이었다. 그들은 어떤 식으로든 소비자가 결핍을 경험하게 한 뒤, 솔루션을 제공하는 방식으로 돈을 번다. 아예 결핍을 새로 만들어내기도 하고.

무협지 속 축지법이나 SF 영화 속 워프Warp 항법처럼 먼 거리를 단숨에 이동하는 게임 아이템이 나왔다고 해보자. 알고 보니 그것은 승패를 좌우할 치트키였다. 소문은 삽시간에 퍼져나갔고, 다들 아이템을 손에 넣으려 난리였다. 문제는 그것이 한정판이라는 점.

유저들이 아쉬워하고 있는데, 얼마 지나지 않아 게임 회사에서 선심 쓰듯 서비스를 재개한다. 그런데 이번에는 유료다. 무슨 일이 벌어졌을까? 무료였을 때보다 더 큰 난리가 났다. 존재하지 않았던 결핍을 만들어내고, 그 결핍으로 돈을 벌어들인 것이다. 물론 다른 분야에서도 같은 방식으로 비즈니스하고 있음을 안다. 그런데도 불쾌한 건, '게임에서까지 그러면 안 된다'라고 생각하기 때문이다.

자본주의 사회에서 살아남으려면 어쩔 수 없지 않냐고, 그건 너무 뻣뻣하고 답답한 꼰대 발상 아니냐고 할 수 있다. 그 말도 맞다. 하지만 게임은 재미있게 놀려고 하는 것이다. 그 동기와 목표는 어릴 적 즐기던 다방구나 땅따먹기만큼이나 순수하고 자연스럽다. 아무리 돈벌이가 된다고 해도 꼭 이것까지 건드려야 할까? 나름대로 이유가 있으리라 생각되면서도, 문제의식은 사그라지지 않았다.

그러다가 소명교육개발원을 만났다. 그곳에서 세계관을 공부하다가, 게임 회사에서 겪은 갈등이 세계관 충돌 때문이었음을 알았다. 재미와 즐거움에 대한 나의 관점과 게임 업계의 관점, 게임 콘텐츠를 바라보는 나의 눈과 게임 업계의 눈이 완전히 달랐던 거다.

그런 괴리감과 깨달음이 모티브가 되어 기독교 세계관을 가르치기 시작했고, 교회와 기독교 교육 현장에서 다양한 이들을 섬기며 지금에 이르렀다. 이제 그 과정에서 모이고 쌓인 이야기를 책으로 갈무리해서 나누려 한다.

책을 쓰게 된 또 한 가지 이유는, '게임과 게임 속 세계관 분별'을 다룬 기독교 콘텐츠를 - 차마 "없다"라고 하지는 못하겠고 - 찾기 어려워서다. 긍정적 입장이든 부정적 입장이든 '세계관 분석'이라는 키워드로 게임을 다룬 콘텐츠는 아직 만나보지 못했다(내가 게을러서 찾지 못한 거라면 좋겠다). 그러다가 결국 직접 책을 쓰게 되었다.

≪거꾸로 세계관: 게임 편≫은 게임과 관련해서 마음이 불편했거나 불편한 사람을 위한 책이다. 전에 게임을 즐겼던 사람. 지금 게임을 하고 있는 사람. 해본 적은 없지만, 게임 즐기는 누군가를 곁에 둔 사람. 어디 해당하든, 게임과 관련해서 '찝찝함'(?)을 경험했거나 경험하고 있다면, 꼭 읽어보기 바란다.

여기에는 게임을 반대하는 사람도 포함된다(나는 이런 접근도 필요하다고 본다).

"그리스도인은 게임하면 안 돼!"

"게임은 어릴 때부터 아예 못하게 해야 해!"

이런 입장의 이면에도 불편한 마음이 있다. 게임에 빠진 청년·청소년을 섬기는 목회자와 사역자에게도 일독을 권한다. 원천봉쇄도 어렵고 허용하기도 곤란한 그 찝찝함을 이해하기 때문이다. 두 그룹 모두 궁극적으로 바라는 것이, 사랑하는 자녀와 다음 세대가 건강하고 행복하게 살아가는 것임을 안다. 하나님이 여러분의 소망을 아시고 기도에 응답하실 줄 믿는다.

세계관은 세상과 우리, 나를 바라보는 '안경'이며, 모든 것을 판단하고 해석하고 행동하게 하는 '생각의 길'이다. 엄청 중요하지만, 추상적 개념이기에 엄청 어렵다. 그래서 나는 거꾸로 접근하기로 했다. 구체적이고 익숙한 게임을 통해 추상적이고 낯선 세계관에 가까이 가보기로 한 것이다. 글도 부담스럽지 않은 분량으로 이해하기 쉽게 쓰려고 노력했다. 자기 이야기나 자신과 관련된 누군가의 이야기라고 느껴지면, 그 내용을 좋은 것과 좋지 않은 것으로 - 자유롭게 - 구분해 보라. 공감하는 내용과 동의하기 힘든 내용, 쉬운 내용과 어려운 내용도 - 철저히 주관적으로 - 분류해 보라. 그리고 자신이 속한 신앙 공동체에서 다른 이들과 나눠보라. 믿기 어렵겠지만, 약속하건대 그 과정에서 자신만의 기준을 갖게 될 것이다.

그러다가 세계관이 정말 중요하다고 생각되면, 심화학습을 시작하라. 여러분을 섬기는 목회자에게 배우고 독서모임을 만들어 관련 서적을 읽는 것이다. 세상 모든 것에 담긴 이야기를 발견하고 그 뿌리가 되는 세계관을 읽어내는 연습은, 하나님의 선하시고 기뻐하시고 온전하신 뜻을 분별하며 반석 위에 집을 짓는 지혜를 얻게 해줄 것이다.

부족한 자에게 작가로서 설 기회를 허락해 주신 디씨티와이북스 임직원 여러분. 희한하게(?) 오만했던 나를 따스하게 품어준 소중한 보금자리 잠실새내교회 청년부 형님 누님 동기 동생들. 냉철하고 날카로운 지성과 영혼을 향한 책임감, 넉넉한 어른의 모범으로 이 책을 쓸 수 있게 도와주신 소명교육개발원 신동열 목사님, 함께 사역하고 있는 이해양 실장님과 식구들.

나름대로 역사의 한 페이지(!)를 쓰는 심경으로 함께 게임했던, 초중고 시절 친구들과 많은 분에게 진심으로 감사드린다.

"이 책은 전부 여러분 덕분에 쓸 수 있었습니다!!"

그리고

나의 처음, 그리고 영원한 (게임) 파트너인 우리 형과

저의 처음, 그리고 영원한 스승이신 우리 부모님,

저의 처음, 그리고 영원한 인도자 되시는 나의 하나님.

감사하고 사랑합니다.

2024년 11월

최정훈

1장.

오래된
낯선 친구,
게임

"그 게임에
그런 게 있었어?"

때는 26세기. 먼 미래의 우주. 세 집단이 전쟁을 벌이고 있다. 포악하고 잔인한 인간 범죄자들, 다른 생명체를 흡수해서 진화하는 괴물 떼, 고도로 발전한 과학 기술을 가진 외계 종족이 그들이다. 목표는 오직 상대의 항복이나 초토화. 끊임없이 그들은 자원을 모아 건물을 세우고 군대를 만들어 치열하게 맞붙는다.

오늘도 인간들의 탱크가 불을 뿜는다. 장갑차와 대포를 닮은 외형에 두꺼운 철갑을 두른 탱크는 모습을 드러내는 것만으로도 기선을 제압한다. 그런데 이 무시무시한 살상 병기가 갑자기 노래를 부른다면?

지금의 40~50대가 20여 년 전 빠져 살던 '초' 히트 온라인 게임 〈스타크래프트〉Starcraft, 블리자드 엔터테인먼트, 1998 이야기다. 〈스타크래프트〉는 PC방과 장년층 게이머 확산, 프로게이머라는 직업과 게임 전문 TV 채널 탄생, 'e스포츠' 전 세계 유행을 초래한 '시조' 게임이다. 여기 등장하는 병기 '시즈 탱크'에는 독특한 기능이 있다. 반복 클릭할 때 노래를 흥얼거리는 것이다.

영상 26초 위치에 등장하는 10번 대사를 들어보라.

귀에 익은 멜로디인가? 군가 같지만, 사실은 클래식 음악이다. 19세기 독일 작곡가 바그너의 오페라 〈니벨룽겐의 반지〉Ring of the Nibelungs 에 나오는 곡 〈발키리의 비행〉The Ride Of The Valkyries 중 가장 널리 알려진 부분이다.

당신은 무인도에 있다. 귀여운 너구리의 제안에 솔깃해서 덜컥 이사 오고 말았다. 그나마 당신처럼 갓 이사 온 이웃들이 없었다면 바로 뛰쳐나갔을 것이다(달랑 둘이고, 사람처럼 말하고 행동하는 동물들이기는 하지만). 다행히 살던 곳과의 시차가 없어서, 당신은 금세 섬에 적응했다. 채집과 낚시, 물건 제작의 달인이 되어 집을 짓고 꾸미고 마을까지 건설한 것이다.

그러던 어느 날 당신은 새벽 늦게까지 잠이 오지 않아 무심코 TV를 켠다. 시계를 보니 오전 3시 32분. 당연히 화면에는 아무것도 나오지 않는다. 그리고 1분 뒤, 당신은 TV 앞에서 얼어붙고 말았다. 화면 속에 갑자기 무언가가 나타난 것이다. 그건 바로…, 외계인?

일본의 대표적 디지털 게임 회사 닌텐도Nintendo 가 만든 생활 시뮬레이션 게임 〈모여봐요 동물의 숲〉(줄여서 '모·동·숲') 이야기다. 코로나19 팬데믹 시기였던 2020년 3월 발매된 이 게임은, 감염 공포와 '사회적 거리 두기' 스트레스에 고통받던 전 세계 사람에게 힐링을 제공하며 크게 사랑받았다. 그런데 요즘 게임들과 달리 유독 느리고 평화롭고 잔잔한 〈모·동·숲〉에는 '호러(?)' 요소가 있다.

토요일 새벽 3시 33분이 되면 - 모든 방송이 종료된 시간인데 - 갑자기 TV 화면에 외계인이 나타나는 것이다. 외계인은 1분 동안 알아들을 수 없는 외계어로 혼자 떠들다가 마지막에 UFO를 보여주고 사라진다(TV 화면은 거짓말처럼 원래대로 돌아온다). 왜 그 새벽에만 나타나는지, 누구에게 무슨 메시지를 전하려고 하는지는 알려지지 않았다. 이런 사정을 모르고 한밤중에 게임하다가 외계인을 본다면 질겁할 수도 있겠다.

몰라도 상관없다!

시즈 탱크와 TV 속 외계인은 '이스터 에그'Easter Egg 이다. 영화나 책, 컴퓨터 프로그램, 디지털 게임 등에 – 그것을 만든 사람이나 집단, 회사가 – 장난삼아 몰래 숨겨놓는 메시지나 기능을 뜻하는 '이스터 에그'는, 부활절 달걀을 숨겨놓고 찾게 하던 서양 풍습에서 유래했다.위키피디아

〈스타크래프트〉나 〈모·동·숲〉 외에도 알고 보면 이스터에그 덕분에 더 재미있어지는 게임이 많다. 유명한 〈리그 오브 레전드〉League of Legends, 라이엇 게임즈, 2011, 줄여서 'LoL' 도 그렇다.

〈LoL〉에는 '케이틀린', '이즈리얼', '람머스', '아리'라는 캐릭터가 등장하는데, 이들은 각각 그 외형을 바꿔주는 '스킨'이라는 것을 가지고 있다. 그런데 스킨 이름이 각각 '사파리 케이틀린', '익스플로러(탐험가) 이즈리얼', '크롬 람머스', '파이어폭스(불여우) 아리'라고 한다. 익숙한 단어들 아닌가? 우리가 늘 사용하는 웹브라우저 명칭들이다.

미국 마블 스튜디오Marvel Studio 의 경우처럼, 이스터 에그는 해석하고 공유하는 과정에서 소비자가 팬을 넘어 마니아로 성장(?)하고, 그렇게 점점 더 많은 사람이 기업과 제품의 세계관에 빠져들게 하는

계기가 된다. 하지만 그걸 안다고 콘텐츠 내용이 달라지는 건 아니다. 게임도 마찬가지이다. 이스터 에그 따위 몰라도 게임 즐기는 데는 아무 문제 없다.

"그 게임에
그런 뜻이 있었어?"

다음은 게임 관련 이미지들이다.이 책에서 '게임'이라고 표기한 것은 모두 비디오(디지털) 게임을 의미한다

출처 crowdfinder.be

출처 gamemeca.com

둘 중 '안 좋은'(?) 게임을 고르라고 하면, 사람들은 어느 쪽을 고를까? 열에 아홉은 왼쪽 '괴물 딱지'를 고를 것이다.

'괴물 딱지' 게임의 이름은 〈에이언스 엔드〉Aeon's End, 한델라브라, 2019. 동명의 보드게임이 원작이다. 대부분 윷놀이나 〈젠가〉Jenga, 해즈브로,

1983 처럼 경쟁을 생각하겠지만, 특이하게도 〈에이리언스 엔드〉는 협력해야 이길 수 있는 게임이다. 보스가 너무 강력해서, 플레이어들이 서로의 단점을 보완하며 연합전선을 펴야 하기 때문. 게다가 보스들은 단순한 괴물이 아니라 인간이 실제로 느끼는 근원적 공포 – 신체적 고통, 걷잡을 수 없이 퍼지는 질병, 악몽 같은 환상 등 – 를 형상화한 것이다. 정리해 보면, 다 같이 힘을 모아 내면의 공포를 극복하는 게임이라는 이야기이다.

귀여움이 철철 흐르는 오른쪽 게임은 〈프렌즈 마블〉Friend's Marble, 카카오게임즈, 2017 로, 유명 보드 게임 〈부루마불〉Blue Marble, 씨앗사, 1982 이 원작이다. 게임 방법은 단순하다. 주사위를 굴려 진행하며, 마지막에 돈을 가장 많이 가진 사람이 1등이 된다. 돈이 곧 점수인 셈이다. 운 나쁘게 '비싼 통행료' 칸에 걸리면 그대로 파산이다. 구제 방법은 없다. 그런 점에서 〈프렌즈 마블〉은 현실보다 무섭다. 현실에서는 노력해서 부를 축적할 수 있고 망해도 구제받을 길이 있지만, 여기서는 오직 '운빨'만 의지해야 하고 실패하면 단번에 나락이니까.

다시 두 게임을 비교해보자. 협력해서 내면의 공포를 극복하는 것과 돈벌이를 위해 운을 겨루는 것. 어느 쪽이 더 '안 좋은' 것 같은가?

하나 더 살펴보자. 〈항아리 게임〉으로 더 많이 알려진, 〈게팅 오버 잇〉Getting Over it, 베넷 포디, 2017 이다.

항아리에 들어간 남자가 계속해서 망치를 휘두르며 위로 올라간다. 목적은 하나, 꼭대기 등반이다. 화내고 욕하면서도 계속하게 된다는 이 게임에는 독특한 점이 하나 있다. 중간 세이브가 없다는 것이다. 이런 무자비함(?) 때문에 정상에 거의 도착했어도 실수 한 번으로 출발 지점까지 추락할 수 있다. 그래서 유○브에는 이 게임을 하며 소리 지르고 분노하는 사람들의 영상이 많이 올라와 있다.

플레이어를 광분(?)하게 하는 이런 게임을 왜 만든 걸까? 철학자이자 뉴욕대 교수인 제작자는, 도전과 실패, 좌절로 가득한 인생에 관한 철학적 메시지를 전하고 진정한 성취감을 맛보게 하려고 이 게임을 만들었다고 한다. 다양한 상황 속 내레이션에 플레이어들을 격려하거나 깨달음을 주는 메시지를 담은 것도 그 때문이라고(물론…영어다).

몰라도 상관없나?

게임은 참 재미있다. 그래서 다들 좋아하고 늘 한다. 하지만 게임에 담긴 의미까지 다 파악하지는 못한다. 바빠서 그럴 시간과 마음의 여유가 없어서다. 이제는 게임을 순수히 즐기고 따라가는 것조차 벅찬 것 같다.

나도 그렇다. 한동안 천사를 대신해서 악마와 대결하는 내용의 〈로스트 아크〉Lost Ark, 스마일게이트알피지, 2018 라는 게임을 즐겼는데, 언제부턴가 핵심 콘텐츠인 '레이드 던전'조차 다 돌지 못한다. 바쁘고 피곤하고 마음의 여유가 없어서 그렇고, 나이 들수록 져야 할 책임이 늘고 삶이 복잡해져 게임에 쓸 집중력이 모자라서 그렇다. 상황은 각자 달라도 게임에 관해 자세히 알려고 하는 사람은 그리 많지 않다. 즐길 대상일 뿐, 그 자체를 좋아하는 게 아니기 때문이다.

"그게 악한 건가요? 즐겨 하면서도 헷갈릴 때가 많아요. 나쁜 것 같기도 하고. 하지만 강도나 도둑질은 아니잖아요? 내용이 평범한 것도 많고."

"나쁘다는 생각을 은연중에 하는 것 같아요. 제가 얼마나, 어떻게 하는지 사람들은 몰라요. 말한 적 없거든요. 분명 범죄는 아닌데, 떳떳하게 말 못 하겠어요."

무엇에 관한 이야기일까? 게임이다.

"시작하면 멈추기 어려워요. 다음날 중요한 일이 있어도…. '조금만 더, 한 번만 더' 하다 보면 어느새 아침이에요. 그렇다고 게임을 아예 안 할 수는 없고. 절제할 방법은 없을까요?"

"하다 보면 왜 이렇게 열 받는지 모르겠어요. 저도 모르게 몰입하나 봐요. 이길 것 같거나 억울하다고 느껴지면 특히 더 그래요. 그런 제 모습에 친구들도 많이 놀라고요. 게임 때문에 성격이 비뚤어질 수도 있나요?"

게임하다 혼자 느끼는 착각일까?

"너무 폭력적이에요. 부수거나 죽이지 않는 건 없나요?"

"친구들과 대화하는데 욕으로 시작해서 욕으로 끝나요. 그리고 화를 자주 내요. 한번은 주먹으로 키보드를 내리치더라니까요."

"지는 걸 못 참아서, 어떻게든 이기려고 수단 방법을 안 가리는 것 같아요. 지나치게 경쟁적인 사람이 될까 봐 걱정돼요."

"친구들이 다 하니까 못 하게 할 수는 없어요. 하지만 그래도 적당히 해야 하지 않나요? 이제는 몰래 해놓고 안 했다고 거짓말까지 해요."

여러분이 전에 들어봤거나 지금 듣고 있을, 게임하는 걸 곁에서 지켜본 분들의 이야기이다.

즐기려고 하는 게임인데, 왜 이런 문제가 생기는 걸까? 게임을 숨 쉬듯 자연스럽게 하는 사람일수록 그럴 가능성이 큰 건 또 왜일까? 신나고 즐겁게 게임하는데 죄책감이 생기고 마음이 불편한 건 왜일까? 정말 게임에 옳고 그름이 있는 걸까?

접한 지 20년이 넘었지만, 내게도 게임은 '속을 알 수 없는 오랜 친구' 같다. 늘 하면서도 늘 모르는 것이 되었다. '그저 즐기면 되고 그 외에는 몰라도 된다'라고 여기며 무관심했기 때문은 아닐까. 물론 조작법과 기술 외에는 몰라도 게임을 즐기는 데 전혀 문제없다. 하지만 그렇게 몰라도 상관없을까? 정말 괜찮을까?

잠깐이나마 게임 업계에 몸담지 않았다면, 나도 그렇게 여겼을 것이다.

해일을
파라솔로 막으랴

어릴 적 이야기다. 여느 때처럼, 학교에서 돌아온 나는 컴퓨터를 켰다. 마우스를 쥐었는데 너무 가벼웠다. 커서도 움직이지 않았다. 아뿔싸! 비어 있었다(옛날에는 마우스에 플라스틱 공이 들어 있고, 그 공을 굴리면 커서가 움직였다. 옛날 옛적 이야기… ^^;;).

범인은 어머니였다. 게임 못 하게 하려고 친히 숨기신 거였다. 컴퓨터를 전혀 모르는 엄마가 어떻게 이런 묘수를? 분명 지인에게 배우신 게 분명했다. 그래서 어떻게 했을까? 게임을 포기했을까? 어림없지! 나는 의지의 한국인이다. 마우스에 손가락을 넣었는데, 작은 막대 두 개가 있었다. 살살 돌려보니 커서가 움직였다. 불편했지만, 그 상태로 게임을 했다.

여러분에게는 그런 적 없었는가? PC 전원이 뽑혀 있고, 키보드와 마우스가 사라지고, PC에 뜬금없이 비밀번호가 걸려 있는 상황 말이다. 나와 부모님은 외식 메뉴 고를 때보다 게임 문제로 훨씬 더 자주 부딪혔다. 막으려는 부모님과 뚫으려는 나(와 형). 우린 그렇게 컴퓨터와 게임을 둘러싼 공성전(?)을 벌였다.

디지털 게임이 우리나라에 상륙한 건 1990년대이다(벌써 30년이 흘렀다!). 게임은 - 비디오나 TV도 '호환 마마'라고 하며 못 보게 하던 - 기성세대가 받아들이기 힘든 문화였고, 당시 인기 게임 모두 폭력적이라는 이유로 유해물 취급을 받았다. 이때 게임은 일상에서 충분히 거리를 둘 수 있는, 막으려면 막을 수 있는 놀거리였다. 게임 기기가 사용하기 불편하고 비싸던 시절이라, 오락실만 못 가게 하면 되니 '원천 차단'이 가능했던 거다.

지금은 어떨까? 스마트 기기는 남녀노소 모두의 필수품이자 PC를 능가하는 전 국민의 게임 머신으로 자리 잡았다. 우리나라만 그럴까? 통계를 보면, 코로나19 대유행에도 게임 산업은 계속 성장했다. 전 세계 게임 시장 1위는 중국, 2위는 미국, 3위는 일본, 4위가 우리나라, 5위는 독일이다(서구인들이 게임을 잘 하지 않는다는 건 오해다). 유명한 게임업체 중 상당수가 미국과 유럽 회사들이다. 한국 최고의 인기 게임 〈리그 오브 레전드〉도 미국 게임 아닌가.

이제 게임은 명실공히 세상에서 가장 인기 있는 취미 생활이다. 등산, 축구, 캠핑, 여행처럼 - 여러분이 인정하든 하지 않든 - 확고 부동한 '주류 문화'가 되었다.

게임의
인기 비결

왜 이렇게 많은 사람이 게임을 할까? 재미있어서? 반은 맞다. 하지만 재미있는 활동은 게임 외에도 많다. 게임이 이렇게까지 인기를 얻은 건, 재미 때문만이 아니다.

첫 번째 인기 비결은 '저렴한 비용'이다. 게임에 필요한 컴퓨터나 기기, 게임 자체 가격만 놓고 보면 이견이 있겠으나, '시간 대비 가격'만 보면 게임은 가성비가 압도적으로 뛰어나다. 플레이스테이션이나 XBOX 같은 전용기기는 100만 원 이하이고, 게임 자체 가격도 10만 원 언저리다. 10만 원에 게임 하나 사서 식음을 전폐하고 2주 만에 끝내도 하루 6천 원꼴이다. 게다가 무료 게임도 많다. 여행이나 낚시, 골프와 비교해도 게임은 상대적으로 저렴하게 즐길 수 있다.

두 번째 인기 비결은, '뛰어난 접근성'이다. 여행은 기본적으로 시간과 자본과 마음의 준비가 필요하다. 최소 하루 이상 시간을 비워야 한다. 기간이 길수록 비용도 많이 든다. 그에 비해 게임은 짧은 시간 동안 할 수 있고, 날씨나 외부 환경에도 영향받지 않는다. 집, 동네 카페, 지하철. 누구나 어디서나 할 수 있다.

세 번째 인기 비결은, 세대와 시간을 뛰어넘는 '무한 친숙함'이다. 게임을 즐기는 어른 중에는 어릴 적부터 게임에 진심이던 사람이 많다. 어렸을 때와 달리 눈치 보지 않고 게임할 자유와 경제력이 생겨서 더 적극적으로 게임을 즐기게 된 이들로, 게임 재미에 빠져 아예 다른 취미를 찾지 않는 경우도 많다.

이렇게 게임은 모든 세대가 공유하는 문화로 자리매김 중이다. 내 부모님 세대는 디지털 게임이 익숙하지 않으셨다. 하지만 내가 부모가 되고 할아버지가 된다면? 명절에 온 가족이 윷놀이 대신 TV로 함께 게임하는 모습이 자연스러워질지 모른다.

이런 이유로, 21세기 대한민국의 게임 인구는 점점 늘고 있으며 그 연령대도 확장 중이다. 그런데도 게임에 관한 우리 생각의 시계는 아직 30년 전에 멈춰 있는 것 같다. 게임하는 사람과 게임하는 걸 반대하는 사람 모두 그렇다.

게임, 널 어쩌면 좋을까

아직도 답을 만나지 못한 질문들

게임 관련 강의를 할 때마다 받는 질문이 있다.

"게임은 전부 나쁜가요?"

"그리스도인은 게임하면 안 되나요?"

"그리스도인이 해도 괜찮은 게임은 없나요?"

그런데 대화해 보면, 하고 싶은 질문이 따로 있음을 느끼게 된다.

"게임, 어느 정도까지 하면 괜찮은 건가요?"

어른들 하소연도 만만치 않다.

"아이가 게임에 빠져 사는데, 어떻게 말릴 수 있을까요?"

"게임 그만하라고 하면 눈빛이 달라지는데, 어떻게 해야 할까요?"

역시 그분들도 하고 싶은 질문은 따로 있다.

"게임 그만두고 공부하게 할 방법 없을까요?"

나도 묻고 싶은 것이 있다.

"세대가 바뀌는데 왜 질문은 그대로인 걸까요?"

10년 전에도 그랬고, 5년 전에도 그랬고, 요즘도 같은 질문을 받는다. 시간여행도 아니고, 왜 다들 대를 이어 그러는 걸까? 두 가지 이유가 있다고 생각한다.

첫 번째, 게임만 보기 때문이다. 보이는 부분, 곧 이미지나 게임 내용 외에는 신경 쓰지 않는다는 뜻이다. 많은 것이 그렇듯, 게임에서도 보이는 게 전부가 아니다. 딱 보면 마귀인데 훈훈하고 건강한 방식으로 협력하고, 극강 귀요미들이 시종일관 돈만 밝힌다. 무의미한 중노동을 반복하는 줄 알았는데 깊은 철학적 의미를 담고 있다.

겉만 보고 '괜찮다. 문제없다'라고 하는 건 지레짐작일 뿐이다. 게임에는 '비주얼' 이상의, 비주얼보다 훨씬 더 중요한 게 있다.

두 번째, 게임만 보기 때문이다. 놀라지 마시길. 오타 아니다. 게임과 관련된 현실을 헤아리지 못한다는 뜻이다. 지금 우리나라에서 게임을 즐기는 사람이 몇 명 정도 될까? 자그마치, 전체 인구의 70퍼센트다. 한국콘텐츠진흥원, 대한민국 게임백서, 2020

50대만 놓고 봐도 전체의 57퍼센트, 절반 이상이다. 10대는 전체의 91.5퍼센트로, 2020년 대학 신입생 충원율 87.6퍼센트 연도별 신입생 충원률, 국가교육통계센터, 2020 보다 높다. 대한민국 청소년에게 대학이 어떤 의미인지 생각해 보면, 게임이 그들에게 얼마나 자연스러운 것인지 짐작할 수 있다. '게임은 남성 전유물'이라는 소리도 옛말이다. 남녀 성비가 6대4 정도로 비슷해졌기 때문이다(심지어 50대는 여성이 남성보다 많다!).

게다가 다양한 인터넷 방송이 앞다투어 게임 관련 콘텐츠를 소개하며 인기를 얻고 있다. 덕분(?)에 게임하지 않거나 아직 할 수 없는 이들까지 게임을 알게 되는 기현상이 벌어졌다. '하는 것'에서 '하기도 하고 보기도 하는 것'으로 확장되면서 게임이 일상이 된 것이다. 이런 판국에 '해도 되나 안 되나?' 따지는 게 의미 있을까.

게임, 하면 안 될까요?

먼저 게임을 즐기는 이들과 나누고 싶은 이야기가 있다. 게임의 이면을 들여다보고 그것을 어떻게 분별하고 다룰지 고민하는 작업은 나중에 하게 될 테니, 지금은 게임 때문에 신앙적·인간적 측

          2장. 게임, 널 어쩌면 좋을까

면에서 잃어버릴 수 있는 것이 무엇인지 살펴보려 한다.

게임하다 잃어버릴 수 있는 것① :
고독과 침묵

구약성경에서 이스라엘 백성은 하나님에게 특별훈련을 받았다. 바로 광야 생활이다. 아무것도 없는 광야 속 일상에서 그들은 이적과 기사를 체험하며 하나님이 어떤 분인지 알아갔다. 형 에서에게서 도망치던 야곱은 하나님과 씨름하다가 정체성이 바뀌었다. 다윗은 사울에게 추격받고, 아들에게 배신당하는 과정에서 하나님의 깊은 은혜를 맛보았다. 요셉, 요나, 욥, 사도 바울 등 많은 성경 인물이 비슷한 일을 겪었다.

이들이 하나님을 만난 시점에는 공통점이 있다. 고독과 침묵의 상황이었다는 것이다. 다들 세상에 자기편이 하나도 없다는 고독과 절박함으로 충만했다. 그리고 바로 그때 하나님을 만났다. 고독과 침묵 속에서 누구를 의지해야 할지, 누가 자신과 함께하는지, 누가 자신에게 귀 기울이는지 깨달은 것이다. 우리 신앙생활에도 이런 일이 있다.

고독과 침묵은 하나님 만나는 여정에 꼭 필요한 과정이다. 하나님은 우렛소리로 그분의 전능함을 피조물에게 자랑하는 분이 아니다. 그분은 친밀한 만남을 원하신다. 그래서 고독과 침묵은 하나님과 친해지는 경험으로 자연스럽게 이어진다. 고독과 침묵을 통해 우리는 자신의 죄를 들여다보고 회개하며, 단독자로 하나님 앞에 나아간다.

하지만 현대사회에는, 이런 고독과 침묵을 방해하는 요소가 너무 많다. 안타깝지만, 게임도 그중 하나이다. 게임은 다양한 자극과 강렬한 쾌감을 제공한다. 눈과 귀, 마음을 사로잡는 그래픽과 사운드로 무장한 게임은 시선 돌릴 틈을 허용하지 않는다. 게임의 현란함은 고독과 침묵을 대체하고 더 중요한 일을 할 여유, 특히 하나님에게 집중할 시간을 앗아 간다. 쉴 새 없이 퍼붓는 감각적 자극은 '상대적(!)으로' 고독과 침묵을 재미없고 지루하게 만든다. 하나님에게 나아가 그분과 친해지는 과정은, 클릭 한 번으로 즉각 반응을 얻는 게임과 분명 거리가 있다.

믿음을 갖게 되고 신앙이 깊어지는 과정에서 고독과 침묵이 필요할 때가 있다. 하지만 게임은 그것을 방해한다.

게임하다 잃어버릴 수 있는 것② : 능동성

인간은 놀 때 능동적 존재가 된다. 놀고 싶은데 아무것도 없으면 뭐라도 만들어서 어떻게든 논다. 눈썰매를 타고 싶은데 근사한 썰매 살 돈이 없다. 그대로 포기할까? 포대 하나면 충분하다. 볼품없어도 상관없다. 즐겁게 놀 수 있다면!

놀 때 머리가 핑핑 돌아간다. 망설이지도 부끄러워하지도 않는다. 되면 되는대로, 안 되면 안 되는대로 즐긴다. 이것이 놀고 싶은 인간의 능동성이다. 디지털 게임이 없던 시절에도 우리는 다양한 방법으

     2장. 게임, 널 어쩌면 좋을까

그런데 오늘날의 디지털 게임은 특정 기업이 제공한다. 개발사가 제공한 게임을 그저 즐기는 것 외에 우리가 할 수 있는 일이 없다는 소리다. 게임 규칙도 개발사가 정한 것이므로, 우리가 바꿀 수 없다. 여러분은 선택권이 자신에게 있다고 생각하겠지만, 사실 개발사 손바닥 위에서 놀고 있을 뿐이다.

그래서 게임이 마음에 안 들 때 유일한 선택지는 하지 않는 것뿐이다. 게임을 개선하고 수정하는 것도 개발사 몫이기 때문이다. 결국 게임은 처음부터 끝까지 남이 정해준 대로 해야 하는 놀이이다. 능동성은 줄어들고, 플레이어는 모두 소비자로 전락(?)한다.

게임 앞에서 우리는 철저히 수동적 존재이다. '이미 완성된' 게임에서 창의성을 발휘하기는 어렵다. 그 결과, 디지털 게임을 즐기는 사람 중에 게임 말고는 아예 놀 방법을 모르는 사람이 늘고 있다. 스마트폰이 손에 없을 때 '나라 잃은 백성'처럼 슬프고 우울해 보이는 청소년이 많다. 디지털 게임이 전달하는 일방적 즐거움에 익숙해진 것이다.

'가만히 있어도 누군가 알아서 날 즐겁게 해주겠지.'

이런 생각이 디지털 게임을 통해 자연스럽게 마음에 새겨진 것 아닐까.

놀 때의 능동성은, 인생에서 감당해야 할 의무가 늘어나는 어른이 될수록 중요해진다. 그리고 이 능동성은, 하나님 앞에서 소명을 따라 살고자 하는 사람에게 꼭 필요한 속성이다. 믿음의 선배들은 감나무 밑에 입만 벌린 채 누워 살지 않았다.

■ ▪ 게임, 꼭 해야겠니?

이번에는 게임 즐기는 것이 못마땅한 이들을 위한 이야기이다.

게임이 우리나라에 소개된 지 30년이 되었지만, 디지털 게임이 '유해물질'이며 그로부터 다음 세대를 지켜야 한다는 주장은 여전히 존재한다(나는 그 의도와 동기가 선하며, 귀담아들을 내용을 담고 있다고 생각한다). 그래서 누군가는 게임 못 하게 하려고 온갖 방법을 동원하고, 누군가는 – 어머니가 마우스 볼을 숨겨도 어떻게든 길을 찾아내 게임을 즐긴 나처럼 – 빈틈을 찾아 여전히 게임하는 상황이 반복되고 있다. 후자에게 게임하지 말라는 말은 이제 '물속에서 산소통 없이 숨 쉬며 살라'는 소리로 들린다.

사실 인류는 부정적 요소를 나열한 뒤, "최대한 하지 말아야 한다"

라고 가르치는 교육 방식을 주로 사용해 왔다. 마음에도 '관성'이 있어서, 사람은 기본적으로 낯선 문화를 거부한다. 그래서 새로운 문화가 '뜰' 때마다 어리고 젊은 세대에게 경고성 교육(?)을 하곤 했다(내가 어릴 때 가장 많이 두들겨 맞던 미디어는 TV였다. 오죽하면 "많이 보면 바보 된다"라며 TV를 '바보상자'라 불렀을까).

게임에 관한 걱정과 우려는 정말 새로운 문화에 대한 어른들의 탄압일까? 그렇다고 생각하지 않는다. 자식에 대해 부모가 그렇듯, 게임을 즐기는 젊은이들의 모습이 걱정스러운 것이다.

어머니는 밥 먹으라고 외치는데, 자녀는 식탁에 앉을 기미가 없다. 게임 때문에 늦잠을 자 학교에 지각한다. 폭력적인 게임 때문에 평소보다 거칠게 행동하는 것 같다. 그런데 이를 지켜보는 기성세대는 게임에 관해 잘 모른다. 게임을 해봤다면 어떤 상황에서 화가 나고 기쁜지, 왜 중간에 끊고 나오기 어려운지 이해할 텐데 그럴 수 없는 것이다. 걱정과 보호하려는 시도가 할 수 있는 전부인 건 그 때문이다.

이제 젊은 세대에게 게임은 선택 사항이 아니라, 기본이자 표준이다. 그런 상황에서 게임에 관한 걱정스러운 조언은 불편한 잔소리로 들릴 뿐이다.

'어른들은 우리를 전혀 이해하지 못하고, 우리 노는 것도 마음에 들어 하지 않고, 오로지 바른 생활 인간이 되기만 바라는구나.'

게임에 관한 입장 자체가 달라서 생긴 갈등인데, 이를 바르게 인식하고 적절히 반영하려는 움직임이 미미해서 안타까울 따름이다.

그토록 하지 말라는 게임을 그토록 하게 되는 이유가 뭘까? 세상에서 제일 재미있어서? 아니면 반항하고 싶어서? 그런 경우도 있겠지만, 대부분 훨씬 본질적인 이유로 그럴 것이다. 바로 우리 내면의 욕구 이야기다.

사람은 일상에서 해소하지 못한 욕구를 놀이로 풀고 싶어 한다. 기존의 게임 교육이 성공(?)해서 게임을 끊게 되더라도, 우리는 남은 욕구를 풀기 위해 다른 무언가를 찾을 것이다. 그런데 왜 우리는 게임하는 걸 부끄러워하고 숨기려 할까? 욕구 해소는 자연스러운 일인데 말이다.

자신이 어떤 욕구 때문에 게임하고 있는지 모르거나, 게임으로 욕구를 바르게 해소할 방법과 기준이 없기 때문이라고 생각한다. 특히 후자의 경우에는, 욕구 해소에만 집중해서 지나치게 게임을 오래 하거나 나이에 맞지 않는 게임을 하거나, 게임에 과몰입해서 거친 행동을 하기도 한다.

누구나 욕구를 해소하고 싶어 하며 그 자체는 부당한 것이 아니다. 그러니 이왕 게임할 거라면, '쫄지말고' 당당하게(!) 하기 바란다. 하지만 어떤 욕구를 어떤 방법으로 얼마나 해소할지 모른다면, 여러분을 걱정하는 이들과 대화가 안 되고 번번이 갈등에 빠지기 쉽다. 지금 여러분이 그렇다면, 다른 방식으로 게임을 해보면 어떨까.

숨기고 몰래 하는 대신, 편하게 드러내서 어떤 부분을 어떻게 조심할지 플레이어 스스로 인식해보자는 것이다. 그러려면 게임하기 실제로 게임에 중독된 사람들이 있다. 흔히 그들이 게임을 좋아한다고 생각한다. 하지만 그건 오해이다. 물론 처음에는 게임이 너무 좋았다. 하지만 이제는 무분별한 게임 즐기기의 폐해를 누구보다 잘 알며, 게임 때문에 삶이 망가졌음을 인정한다. 자신의 어떤 욕구를 어떻게 얼마나 해소해야 하는지 몰랐던 거다.

중독까지는 아니어도, 평소 게임을 많이 하는 사람도 마찬가지다. 담배가 건강에 좋지 않다는 걸 잘 아는 흡연자처럼, 지나치게 게임에 빠질 때 어떻게 되는지 가장 잘 아는 건 자기 자신이다. 게임하는 모든 순간이 즐거운 사람은 거의 없다. 오히려 하기 전보다 기분 나빠질 때도 많다. 자신을 지키며 건강하게 게임하기 원한다면, 게임 때 느낀 것을 마음껏 표현할 기회가 있어야 한다. 그리고 이왕 할 거라면, 성숙하고 신뢰할 수 있는 사람들과 나누는 것이 좋다(그렇게 하기에 가정과 교회만큼 좋은 곳이 또 있을까?).

게임 관련 교육도 바뀌면 좋겠다(부모 자녀가 함께 게임 해보기를 '강추'한다!). 우리가 즐기는 게임에 어떤 메시지가 있고 장단점은 무엇인지 대화해 보자. 자녀는 부모에게 게임에 관해 가르쳐주고, 부모는 궁금한 것을 자녀에게 묻는 것도 좋다. 답을 찾는 과정에서 자녀는 게임과 관련된 자기 행동에 어떤 의미가 있는지 인식하고 생각해볼 기회를 얻는다. 자녀 부모 사이 막힌 담이 허물어지고, 부모가 자기 마음과 상황을 이해하려 애쓰고 있음을 자녀가 깨닫는 건 덤이다. 부모는 아니지만 어떤 식으로든 다음 세대를 가르치고 섬기고 있는 이들도 게임을 공부해야 한다. 다음 세대를 이해할 수 있는 주요 미디어 중 하나가 게임이기 때문이다.

게임 자체를 반대한다고 해도 괜찮다. 중요한 건 솔직한 마음을 털어놓고 대화의 문을 여는 거니까. 다만 "게임은 나쁜 거니까 하면 안 돼"라며 직구부터 날리지는 않았으면 좋겠다. "솔직히 나는 게임을 싫어해"라는 자기 고백(?)의 변화구가 훨씬 더 효과적이다. 믿기 어렵겠지만(물론 게임이 싫어하는 이유도 솔직하게 이야기해야 한다).

교육 현장에서 숱하게 경험한 바에 의하면, 게임에 관해 대화할 때는 관련된 감정부터 나누는 것이 좋은 것 같다. 주장이나 견해로 속마음을 포장하면, 대화가 더 어려워질 때가 많기 때문이다. 그런 점에서 게임 이야기를 편하고 자연스럽게 꺼내는 첫 단추는, '솔직하게 마음 나누기'라고 할 수 있다.

나의 직장생활 이야기

대학 졸업반 때 자취를 시작했다. 모름지기 홀로서기의 완성은 경제적 독립 아니던가. 이사하고 바로 아르바이트에 뛰어들었다. 하지만 얼마 지나지 않아 건강 문제로 그만둘 수밖에 없었다. 얼마나 속이 상하던지.

'내게는 이 정도도 버겁구나. 앞으로 내가 할 수 있는 일이 있을까?'

집에 틀어박혀 힘든 시간을 보냈다. 하지만 감사하게도 친구들과 교회분들이 함께해 주었고, 그들과 취업 정보를 찾다가 들어간 곳이 바로 게임 회사였다. 피처폰 게임 업계 양대 산맥 중 하나로 불리던 전통 있는 회사로, 지금도 건재하다(첫 출근 때 관련 잡지에서 본 게임 회사 '크루' 모습을 떠올리며 '나도 이제 그렇게 되는 거야?'라고 신나 하던 기억이 난다).

일하게 된 곳은 Q.A.Quality Assurance 부서였는데, 출시 전 게임을 품질보증 하는 것이 주 업무였다. 쉽게 말해, 다양한 방식으로 게임을 플레이해서 이상 없이 잘 되는지 테스트하는 것이다. 주로 게임이 거의 완성된 상태에서 마지막 테스트를 하는데, 가끔은 초기 기획 문서를 검토하거나 판매·유통 후보작인 다른 회사 게임을 테스트하기도 했다.

여러모로 게임 매출과 직결된 곳이라, 어느 게임 회사나 Q.A. 부서는 1년 365일 바쁘게 달린다. 심지어 개발팀보다도(그들은 프로젝트가 있을 때만 바쁘지만, Q.A. 부서는 출시하는 모든 게임을 테스트한다). 음료 회사와 광고 캠페인을 콜라보한 적이 있었는데, 에너지 드링크를 아이템처럼 게임 속에 구현하는 프로젝트였다(슈퍼 마○오나 바○돌이 소닉이 게임에서 코인을 얻는데, 그 코인이 '핫○스'라고 생각하면 되겠다). 그때 회사에서는 협찬받은 에너지 드링크를 쌓아놓고 이렇게 사내 방송을 했다.

"○○사 협찬 음료가 로비에 있으니, 팀별로 챙겨 가시기 바랍니다.
Q.A. 부서에는 미리 넉넉하게 갖다 드렸으니 참고해 주세요."

늘 밤샘하고 야근하는 팀이라 미리 잔뜩 챙겨준 거다. 그 정도로 우리는 늘 '죽어라' 달렸다.

보통 게임 하나 맡으면 몇 달씩 붙들고 있었다. 제일 오래 해본 게 골프 게임이었는데, 6개월 정도 한 것 같다. 회사 가서 게임만 한다니 부러워할 독자도 있겠지만, 현실은 고통스러웠다. 어쩌다 떠나야 여행이지 늘 떠나 있으면 방황 아니겠나. 아무리 좋아하는 것도 '일상', 아니 '일'이 되니 힘들었다. 게임하는 게 지겨웠다는 소리가 믿어지지 않겠지만.

기상천외
게임 테스트

테스트 때 가장 신경 쓰는 건, 결제 관련 부분이다. 결재 기능이 정상 작동하는지 확인하는 것이다. 개발자들이 엄청 신경 쓰는데도, 테스트해 보면 오류가 꽤 나온다. 그러면 다른 부분은 어떨까? 골프 게임을 예로 들어보자.

   2장. 게임, 널 어쩌면 좋을까

- 캐릭터 발목이 없다! 스크린에서 유령처럼 떠다니고 있다.

- 워터해저드Water Hazzard. 즉 필드 내 물이 있는 곳을 찾아다니며 일부러 공을 넣어본다. 게임에서도 실제 골프 규칙대로 작동하는지 확인하는 건데, 종종 기적이 일어난다. 분명 물인데 공이 빠지지 않고 튕겨 나온다. 색깔만 파랗지 물이 아닌 거다.

- 공을 일부러 벙커에 빠뜨려본다. 그랬더니 갑자기 땅속으로 파고 들어간다.

이 정도는 난이도 하급이다. 우리는 온갖 기발한 짓(?)을 궁리해서 테스트했다.

- 공을 반대 방향으로 쳐본다.

- 공으로 필드 옆에 있는 건물을 맞춰본다.

- 게임을 켜놓은 채 휴대전화를 두고 퇴근한다. 휴대전화에는 밤새 방전되지 말라고 충전기를 꽂아놓는다(스트레스 테스트라고 한다).

- 같은 동작을 30분 동안 반복한다.

- 계속 터치해서 오작동을 유도한다.

- 예비군 훈련 가는 직원이 있으면, 테스트 장비 챙겨가서 자연 속에서도 문제없이 플레이되는지 해보게 한다.

즐기기 위해서가 아니라, 테스트하기 위해 게임에 매달렸다. 덕분에(?) 우리는 늘 '회사에서 게임을 가장 잘하는' 부서였다. 하지만 밀

려드는 일정과 쌓이는 과로로 다들 힘들어했다. 결국 1년도 되기 전에 팀원의 약 80퍼센트가 바뀌고 말았다. 힘들어서 그런 것도 있고, 회사에서 우리를 – 언제든 교체해 버리면 그만인 – 소모품으로 여기는 게 괘씸해서 그런 것도 있었다.

불편한
게임 업계의 행보

하지만 내가 회사를 떠난 데는 이유가 하나 더 있다. 나는 게임도 소비자에게 유익하고 그들의 성장에 도움 되게 만들어야 한다고 생각한다. 그런데 내가 경험한 게임 비즈니스는 오히려 반대였다. 그들은 사람 내면의 연약한 부분을 공략해서 돈을 벌었다.

주사위로 땅따먹기 하는 웹게임이 있었는데, 모바일 버전이 대박을 터뜨렸다. 무료로 제공하던 게임인데 어떻게 그럴 수 있었을까? 주사위 기능을 강화해서 '운을 돈으로 컨트롤하는' 짜릿한 경험을 제공한 거다. '운은 모두에게 공평하다', '주사위는 특별히 누군가만을 위한 답을 내놓지 않는다'라는 보편 대전제를 돈으로 무너뜨린 것이다. 사람들은 게임에서만큼은 자신에게 좋은 운이 따라주기 바란다(그리고 그 운으로 일확천금을 얻고 싶어 한다).

게임 업계는 그 심리를 어떻게 이용할까? 선물 상자 세 개 중 하나를 고르게 한 뒤, 공개할 때 나머지 두 상자의 내용까지 보여준다.

사람들은 다른 두 상자 내용이 자신이 고른 것보다 좋다고 느낀다. 그리고 다시 도전한다. 반전은, 무얼 고르든 상관없다는 것이다!

디지털 게임에서는 - 결과가 이미 정해져 있고 바뀌지 않는 - 현실 속 뽑기와 달리, 선택에 따라 결과가 달라진다. 고르는 순간 결과가 정해지는 것이다. 무얼 고르든 나머지 두 개는 그보다 좋은 것이 나오도록 조정된 확률을 따라.

여기서 더 나간 것이 이른바 '확률성 아이템'이다. 예를 들어, 대형 스포츠 경기장에 냉장고 상자 1만 개를 갖다 놓고 이렇게 말한다고 해보자.

"이 중에 냉장고가 들어있는 상자가 100개 있습니다. 찾아내는 분에겐 배송 설치까지 공짜로 해드리겠습니다. 상자 하나 열어보는데 5천 원인데, 도전하시겠습니까?"

이윤을 위해 노골적으로 사행성을 조장하는 것이다. 이제는 확률 조작 문제까지 불거졌지만, 그나마 법적 규제 움직임이 시작된 것을 다행이라고 해야 할까.

업계 관계자 중에는 원래 인간 본성이 그러니 어쩔 수 없다고 하는 이들도 있다. 하지만 본성이 그러니까 그냥 그렇게 살아도 된다는 소리인가? 아무리 이윤 추구가 목적이라지만, 지켜야 할 선은 있는 것이다. 게임을 게임으로 여기며 즐기는 건, 현실과 다르기 때문이라고 생각한다. 그런데 게임에서 사행성을 조장하고 제멋대로 행동하도록 부추긴다면, 현실과 무엇이 다른가? 우리는 이미 현실에서 그런 경험을 충분히 하고 있지 않은가?

　대부분 사람은 횡재나 행운만 바라보며 살지 않는다. 현실에서 한 방 역전을 할 가능성이 적다는 사실을 경험치로 알기 때문이다. 하지만 일단 확률형 아이템에 빠져들면, 마치 중독처럼 벗어나기 어렵다고 한다. 그런데도 게임 회사가 모든 책임을 소비자에게만 떠넘긴다면 너무 무책임하지 않은가?

　하지만, 나도 안다. 곱지 않은 주변의 시선, 게임에 소비하는 시간·돈·에너지 때문에 눈치 보이고 마음이 불편하면서도 게임을 놓지 않는 우리 의지(?)를. 게임 업계의 행보가 아무리 어이없고 괘씸해도, 우리가 게임을 멀리하는 일은 없을 것임을. (무엇보다) 재미있고, 좋은 대안이 딱히 없으며, 친구들과 어울리려면 필요하니까. 이것이 우리 딜레마이다.

　이제부터 어떤 게임을 어떻게 얼마나 하면 되냐는, 어떻게 해야 게임을 못 하게 할 수 있냐는, 대를 잇는 영구미제 질문들을 풀어보자. 게임에 관해 우리가 무엇을 봐야 하고, 무엇을 못 보고 있는지 알게 될 것이다.

　　'그걸 알아서 뭐하게. 진로나 취업 문제라면 모를까,
　　고작 게임 얘기인데.'

　이렇게 생각할 수도 있겠지만…. 누가 알겠는가? 그게 지금 여러분이 가장 고민하는 문제의 답으로 이어질지.

 　　　　　　　　　　　　　　　　　　2장. 게임, 널 어쩌면 좋을까

게임 속 최종 보스, **시대정신**

게임은 문화다

다음은 국어사전에 수록된 게임의 정의이다. 출처 : 표준국어대사전

1) 규칙을 정해 놓고 승부를 겨루는 놀이. 예) 퍼즐 게임

2) 운동 경기나 시합. 예) 복싱 게임

3) (수량을 나타내는 말 뒤에 쓰여) 경기의 횟수를 세는 단위.
   예) 축구를 한 게임 하다.

4) 정구 경기에서, 세트를 이루는 한 단위. 4점이 한 게임이 되고
   여섯 게임이 한 세트가 된다.

물론 이 책에서 다루는 게임은 첫 번째이다. 관련 전문가들이 내린 게임의 정의는 어떨까?

- 놀고 싶다는 자세로 접근하는 문제 풀이 활동제시 셸 Jesse Schell 저, The Art of Game Design

- 흥미로운 선택의 연속시드니 마이어 Sidney K. Meier, 1989년 게임 개발자 컨퍼런스 중 언급

- 제한된 규칙 안에서 권력 비평형 상태를 만들기 위해 투쟁하는, 자발적 지배 체제의 훈련엘리엇 애버던, 브라이언 서튼스미스 Elliott M. Avedon, Brian Sutton-Smith 공저, The Study of Games

- 플레이어가 목적을 향해 투쟁하게 하는 내생적 의미의 상호작용 구조그레그 코스티키얀 Greg Costikyan, 영국 저널 <Interactive Fantasy#2>에 기고한 기사 'I Have No Words and I Must Design'

- 불평등한 상태로 귀결되는 구조화된 충돌에 플레이어가 참여하는, 닫히고 정규화된 시스템트레이시 풀러턴, 크리스 스웨인, 스티븐 호프먼 Tracy Fullerton, Chris Swain, Steven Hoffman 공저, Game Design Workshop

'권력 비평형, 자발적 지배 체제, 내생적 의미' 같은 말은 마음에 두지 말자. 게임 즐기는 이에게는 첫 번째가 가장 와 닿을 것 같다. 하지만 나는 게임을 다른 관점에서 바라보고 싶다. 앞의 정의들은 게임을 순수하게 게임 그 자체로 본 것이지만, 나는 게임을 인간이 만들어낸 일종의 '문화'로 보려 한다. 게임이 단순히 재미를 위한 도구가 아니라고 생각하기 때문이다.

하나님은 태초에 천지를 창조하셨다. 그리고 인간에게 생육하고

번성하라고 하셨다. 그때부터 인간은 세상 모든 것을 관찰해서 특성을 파악하고, 그것을 바탕으로 많은 것을 만들어냈다. 덕분에 지금 세상은 하나님이 창조하셨을 때의 모습과 매우 다르다. 우리는 이렇게 인간이 만들어낸 유무형의 모든 것을 '문화'라고 부른다.

주변을 살펴보라. 그중 하나님이 창조하신 원형을 그대로 유지하고 있는 것은 몇 개나 될까? 책상과 의자? 커피잔? 키오스크? 휴대전화? 전부 인간이 만든 것이다. 심지어 이 책의 원고도 펜, 종이, 태블릿, 노트북, 프린터 - 창세기에 기록되지 않은 것들 - 로 완성되었다. 나는 '문화'라는 도구로 책을 쓸 수 있었다.

우리는 온갖 문화에 둘러싸여 살아간다. 먹고 자고 씻고 일하는 삶의 모든 영역에서, 인간은 문화 없이 한순간도 버틸 수 없다. 깊은 산속 자연인도, 불가능하다.

게임도 당연히 문화에 속한다. 그래서 나는 이제부터 게임을 문화의 관점에서 바라보려 한다. 그러면 뭐가 달라질까? 게임을 문화로 바라봐야 하는 이유는 무엇일까?

문화 속에 의도가, 의도 속에 시대정신이

문화는 사람이 만든다. 인간 사회는 지금까지 수많은 문화를 형성하며 발전했다. 문화에는 어떤 특징이 있을까?

가장 큰 것은 '의도'이다. 문화에는 목적이 분명히 존재한다. 문화 만드는 사람은 누구나 자신이 만든 문화를 사람들이 '~하게 사용하기' 원한다. 우연히 형성된 문화는 있어도, 목적 없는 문화는 없다. 안경은 시력 낮은 사람이 잘 보게 하려고, 텀블러는 액체를 최대한 원래 상태 그대로 보존하려고, 형법은 범죄를 심판하고 사회 정의를 세우려고, 음악은 청각으로 특정 정서를 경험하려고 만든 것이다. 모든 문화에는 이렇게 의도가 있다.

하지만 문화의 의도가 100퍼센트 창작자의 뜻이라고만 할 수는 없다. 창작자도 결국 그 시대에 속해 있으며 수많은 외부 환경의 영향 가운데 살아간다. 그러므로 모든 문화에는 창작자가 받은 외부 영향이 반영된다.

문화에 영향을 주는 다양한 외부 환경 중에서 주목하고 싶은 것은 '사상'(思想)이다. '특정 개념에 관한 특정 인식이나 견해'인 사상은, 창작자 자신도 모르는 사이에 그가 만든 문화에 반영된다. 2차대전 때 아우슈비츠 수용소는 나치의 '우월한 인종과 열등한 인종이 따로 존재한다'라는 사상에서 비롯되었다. 세종대왕은 '최대한 많은 사람이 자기 생각을 문자로 표현할 수 있어야 한다'라는 사상 때문에 한글을 창제했다. 이같이 문화 대부분은 개인과 집단이 자기 사상을 구현하는 차원에서 만들어진다.

그런데 인문학의 흐름을 보면 개인이나 집단을 넘어 - 유행처럼 - 시대 전체를 대표하는 사상이 나올 때가 있다. 그런 사상은 동시대 문화 대부분에 반영되고, 그 문화를 통해 더 많은 사람에게 흘러 간다. 이렇게 특정 시대 사람 전체에게 영향을 미치는 사상을 '시대 정신'이라고 한다.

중세 시대에는 기독교가 시대정신이었다. 이탈리아에서 공인된 기독교는 문화를 통해 전 유럽에 퍼졌다. 모든 문화에 기독교가 반 영되었고 그래야 했다. 성화와 성가 등은 '기독교 전도사' 역할을 톡 톡히 했고, 덕분에 문맹자들도 예수님이 어떻게 죽고 부활했는지 알 수 있었다.

그런데 이 '대세'에 반기를 드는 사람이 생기기 시작했다. 첫걸음 을 뗀 것은 새로움을 추구하는 예술가들이었다. 몇몇 예술가들이 종 교에서 벗어나 인간 자체의 아름다움을 표현한 작품을 내놓은 것이 다. 물론 그들이 처음부터 주류였던 것은 아니다. 그러나 미미했던 흐름은 곧 큰 파도가 되어 온 유럽을 덮치게 된다. 그게 바로 14~16 세기 유럽에서 일어난 '르네상스'. 서구 세계를 지배하던 시대정신이 바뀌는 순간이었다.

시대정신이 르네상스로 바뀌자, 문화도 변화되기 시작했다. 문화 에 꼭 기독교를 담아야 한다는 의무감과 강박이 사라진 것. 인간 육 체의 아름다움을 다룬 예술 작품과 인간 감정을 가득 담은 문학 작 품이 쏟아졌다.

지금 우리는 역사를 통해 이런 흐름을 쉽게 파악할 수 있지만, 당시 사람들은 그렇지 않았다. 르네상스 운동을 누가 처음 시작했는지, 어쩌다가 자기 동네까지 그 영향이 미치게 되었는지 그 옛날에 어떻게 바로 알 수 있겠는가? 그저 문화를 통해 자연스럽게 - 그리고 막연하게 - '어라, 뭔가 달라졌네!'라고 느꼈을 것이다. 문화는 이렇게 시대정신을 교육하는 도구로 기능해 왔다.

게임은 시대정신을
어떻게 교육하는가

문화는 시대정신을 교육하는 도구이다. 그리고 게임은 문화다. 두 문장을 합쳐보면, 게임도 시대정신을 교육한다는 결론이 나온다. 물론 게임 즐기는 사람 대부분이 이를 눈치채지 못한다. '재미'의 강력함 때문이다. 재미있어서 하는 것이 게임인데 그것을 통해 무언가를 배운다니. 그런 생각을 어떻게 하겠는가.

〈디아블로2〉Diablo2, 블리자드 엔터테인먼트, 2000 게임을 즐기던 중학생 때 일이다. 2000년대 초반 전국의 PC방에 인기 광풍을 몰고 온 〈디아블로2〉는, 캐릭터 하나를 육성해서 세상을 위협하는 악마들을 때려잡는 게임이다. 나는 고민 끝에 - 평범한 걸 거부하는 내 취향답게 - '강령술사'Necromancer 를 골라 친구들과 정신 못 차리게 게임을 즐겼다.

시간이 흘러 각자의 캐릭터가 어느 정도 육성되면서, 친구들은 내 선택을 비웃기 시작했다. 강령술사가 '비효율적'이라는 단순한 이유였다(사실 그렇긴 하다). '야만용사'Barbarian 처럼 몸이 튼튼하지도, '아마존'Amazon 처럼 민첩하지도, '원소술사'Sorceress 처럼 파괴력이 강하지도 않다. 그는 그렇게 초반을 견뎌야 하는 캐릭터였던 거다.

나는 당연히 그 사실을 모른 채 강령술사를 골랐고, 친구들은 다들 나를 앞질러 캐릭터를 키워갔다. 초반이 힘겨웠던 나는 그렇게 뒤처졌고, 결국 레벨 차이로 친구들과 함께 게임할 수 없는 상황이 되었다. 다들 왜 그따위 캐릭터를 골랐냐며 나를 놀려댔다.

하지만 나는 캐릭터 효율과 상관없이 게임을 재미있게 즐기고 있었다. 난 내 선택이 잘못됐다는 걸 납득할 수 없었다.

"왜 그래? 강령술사도 진짜 재미있다고!"
"야, 우리 레벨을 봐. 너 아직 이런 아이템 없지?"

열심히 설득(?)했지만, 친구들은 내 말을 전혀 듣지 않았다. 다들 내가 '정신승리'하고 있다고 생각한 거다.

그들은 '효율성'을 키워드로 나를 공격했다. 비효율적 선택을 했다는 이유로 함께 플레이하는 친구 전부가 짠 것처럼 나를 비판하고 놀렸다. 효율성은 20년 전이나 지금이나, 시대를 관통하는 정신 중 하나이다. 친구들 눈에는 내가 - 시대정신을 따르지 않는, 즉 남들처럼 하지 않는 - 바보로 보였을 것이다. 그렇게 보면 나를 공격한 건 친구들이 아니라 시대정신이었다.

　　　　　3장. 게임 속 최종 보스, 시대정신

여러분 중에도 - 게임을 즐기는 사람이라면 - 비슷한 경험을 해본 이가 있을 것이다. 게임에서 최고 효율을 내기 위한 공략이 인터넷과 유○브에 넘쳐나고, 그것을 그대로 따라 하며, 그렇게 하지 않는 사람은 이상한 취급을 받는 우리나라 문화에서 말이다.

역사를 보면, 효율성이 처음부터 시대정신이었던 건 아니다. 시장이 지금처럼 글로벌화되기 전, 특정 분야의 장인이 처음부터 끝까지 일을 도맡아 하던 봉건주의 사회에서는 효율성이 상대적으로 덜 중요했다. 효율적이지 않아도 살아가는 데 별문제가 없었기 때문이다. 하지만 산업혁명 이후 분업화 공장제 시스템이 도입되어 물건을 대량 생산하고 판매하게 되면서, 효율성은 핵심 가치로 치고 올라왔고 지금까지 그 위치를 유지하고 있다. 사회 변화와 함께 시대정신으로 등극한 것이다.

물론 효율성은 중요하다. 21세기에 효율성을 무시하고 살 수 있는 사람이 어디 있겠는가. 하지만 나는 효율성을 조금 희생하더라도 개성대로, 원하는 대로 게임을 플레이하고 싶다. 강령술사를 선택한 중학생 때도 그랬다. 그래서 더 친구들 반응에 당황한 것 같다. 시대정신인 효율성에 관한, 나와 친구들 생각이 달랐기 때문이다.

그 후 몇몇 친구에게 섭섭했던 나는, 솔직하게 마음을 전하고 내 게임 방식을 존중해달라고 부탁했다. 친구들은 나를 이해해 주었고, 우리는 지금까지도 잘 지내고 있다(그때 친구들 비판에 굴복했다면, 나도 효율성의 첨병 노릇을 하지 않았을까).

게임은 시대정신을 교육하는 강력한 도구이다. 게임 자체에 시대정신이 담겨 있을 수도 있고, 게임하는 다수가 소수에게 시대정신을 강요할 수도 있다. 더군다나 그 인기를 생각해 보면, 게임이 시대정신을 교육하는 문화 도구로 중요한 위치를 차지하고 있음을 알 수 있다.

시대정신의 영향이 왜 문제인가

이런 의문이 생길 수 있다.

"게임이 시대정신을 전달한다는 건 알겠어. 그런데 그게 왜 문제라는 거지?"

정말 시대정신이 문제인가? 그렇다 쳐도, 그 시대 모두에게 영향을 준다면 거기서 벗어나는 것이 가능할까? 불가능하다. 완전히 벗어나기는 어렵다.

특정 가치나 사상이 시대정신으로 자리 잡으려면, 사회 구조 전체가 그것에 맞춰 구성되어야 한다. 따라서 시대정신을 배제하려면, 현재 인류가 형성한 사회의 틀 자체에서 벗어나야 한다. 그러니 개인이 그런 선택을 하기는 어렵다. 하지만 시대정신의 존재를 알고

   3장. 게임 속 최종 보스, 시대정신

이를 적절히 고려하며 사는 것과 그런 줄도 모른 채 사는 것은 전혀 다르다.

시대정신에 무방비로 노출되면 여러 문제가 발생하는데, 그 원인에는 크게 두 가지가 있다.

첫째, 시대정신은 개인의 삶을 제한한다. 인간에게는 개성이 존재하고, 사람은 각자 다른 환경에서 저마다의 생각과 취향으로 살아간다. 하지만 시대정신은 거대한 사회 구조 속에서 탄생했기에, 모든 사람의 취향과 개성을 담아내지 못한다.

시대정신이 문화를 통해 그 시대 모든 사람에게 영향을 미친다고 했다. 영향을 많이 받은 사람도 있고 적게 받은 사람도 있을 것이다. 만약 영향을 많이 받은 사람이 다수를 차지하는 공동체가 있다면, 무슨 일이 벌어질까? 인간은 다수 의견을 쉽게 무시하지 못한다. 결국 다수가 주장하는 시대정신에 소수가 영향받게 되고, 자연스럽게 개인의 개성은 무시당할 것이다. 내가 디아블로를 하며 겪었던 억울함이 정확히 여기 해당한다.

둘째, 시대정신은 기독교 세계관과 무관하다. 그리스도인은 하나님이 세상과 인간을 창조하셨으며, 그래서 하나님이 창조 때 세우신 질서대로 살아야 한다고 믿는다. 그런데 시대정신은 하나님의 창조 질서를 따라 형성된 것이 아니다. 시대정신에는 인간의 죄성과 연약

함이 녹아 있다. 게다가 그 영향력은 신앙 유무를 가리지 않으므로, 그리스도인들은 수시로 시대정신을 받아들이며 살게 된다. 이런 상황을 경계하지 않으면, 어떤 일이 벌어질까? 기독교 세계관과 정반대로 살게 될 것이다. 시대정신이 기독교 세계관과 전혀 다른 이야기를 담고 있기 때문이다.

내가 기독교 세계관 교육에 몸담은 이유도 바로 여기 있다. 나는 우리나라에서 교육열이 가장 심하다는 강남에서 태어나 전형적인 '강남 키드(?)'로 자랐다. 부모님 모두 공부에 한이 많으셨고, 내가 공부로 성공하기를 진심으로 바라셨다. 나도 여느 학생들과 마찬가지로 공부 잘해서 좋은 대학 가면 좋은 삶이 자동으로 따라오리라 여겼다. 고등학교 마치면 바로 대학에 가고, 대학에서 잘 준비해서 졸업하자마자 취업하고, 회사 생활하다가 때(?)가 되면 결혼해서 아이를 낳고…. 행복한 삶을 마치 게임에서 레벨업 하는 것처럼 생각한 거다.

하지만 나는 그 첫 단계인 중고등학교 때 삶이 어긋나고 있음을 느꼈다. 행복한 삶을 준비하는 시간이라 믿었는데, 전혀 그렇지 않았던 거다. 공부하는 과정은 별로 행복하지 않았고, 시험은 스트레스인 데다 끝없이 반복되었다. 나중에는 이런 생각까지 하게 되었다.

'산다는 건 끔찍한 거야.'

     3장. 게임 속 최종 보스, 시대정신

중고등학교는 고작해야 행복한 삶을 준비하는 첫 계단일 뿐이다. 그런데 이 정도라니! 그렇다면 대학에서는, 취업 후에는, 결혼한 뒤에는 어떨까? 상상조차 할 수 없었다. 나는 평생 행복한 삶을 준비만 할 것이고, 그 과정은 여전히 가시밭길일 것이다. 인생을 '스포' 당한 것 같아 너무 우울했다.

그러다가 - 무슨 배짱이었는지 - 나는 다른 선택을 했다. (어린 나이였지만) 여태까지의 경험과 생각을 아무리 총동원해 보아도 인생이 이렇게 단순하고 보잘것없을 리 없다고 느낀 것 같다. 정확히 표현할 수는 없지만, 원래는 훨씬 더 역동적이고 깊고 흥미진진할 것 같았다. 그 후 다양한 친구들과 어울리면서, 문학 작품을 읽거나 영화를 보면서, 멋진 어른들을 만나면서 어렴풋이 느꼈던 것 같다. 정해진 길을 따라가는 것이 삶의 전부가 아니라고 말이다. 정확하게는, 그렇게 믿고 싶었다는 말이 맞을 것 같다. 확신할 수는 없었으니까. 공부를 완전히 포기하지 않은 것도 그 때문이었다.

그러다가 스무 살 되던 해, 하나님을 인격적으로 만났다. 하나님이 내 삶을 인도하고 계심을 비로소 깨달았다. 그리고 기독교 세계관을 접하고 과거를 돌아보며 학창시절 어렴풋이 느꼈던 것이 틀리지 않았음을 확신하게 되었다. 그러면 그렇지. 하나님이 우리 삶을 그렇게 어설프게 창조하실 리 없었다. 행복을 느끼다가 이내 좌절하기도 하지만, 반대로 전혀 희망이 보이지 않는 상황에서도 기뻐할 수 있는 존재가 우리임을 성경을 통해 배운 것이다.

학창시절 겪은 고통의 원인이 시대정신이라는 것도 알게 됐다. 바로 '시간 흐름에 뒤처지는 사람은 실패자', 즉 '나이마다 할 일이 정해져 있고, 그때(이른바 '제때') 그 일을 해내지 못하면 실패한 인생이 된다'라는 것이었다. 이 메시지는 오래전 〈디아블로 2〉 사건과도 관련이 있었다. 왜 효율적이어야 할까? 시간 흐름에 뒤처지지 않기 위해서다! 난 두 가지 시대정신의 합동 공격을 당했던 거다.

전에는 이런 시대정신을 강요하는 부모님을 원망했다. 그러나 기독교 세계관을 접하고 나서, 그분들을 이해할 수 있었다. 부모님은 나를 고통에 빠뜨리려고 일부러 그러신 것이 아니었다. 두 분도 결국 시대정신의 피해자였다. 이후 힘들었던 학창시절에 관해 부모님과 제대로 대화할 수 있었고, 서로 주고받았던 상처를 잘 갈무리했다.

그런 과정을 겪고 나니, 나와 비슷한 사람들이 눈에 들어오기 시작했다. 다들 시대정신의 존재를 모른 채, '인생은 원래 그런 거'라고 생각하고 있었다. 하나님은 내게 긍휼의 마음을 부어주셨고, 그들이 시대정신에 맞설 수 있게 돕고 싶다는 소망을 품게 하셨다. 그 후 좋은 스승들을 만났고, 덕분에 부족하나마 기독교 세계관 가르치는 일을 하며 살게 되었다.

세상에서 가장 불쌍한 노예는 자신이 노예인 줄을 모르는 노예이다. 정신 차리고 있지 않으면, 시대정신은 쥐도 새도 모르게 다가와 삶을 조종하려 든다. 모든 것이 '원래 그랬던' 것처럼 느껴지게 만든다. 문제는 그것을 대놓고 가르치지 않고 문화를 통해 스리슬쩍 전

파한다는 점이다. 나는 21세기 대한민국에서 그렇게 사용되는 강력한 확성기 중 하나가 바로 게임이라고 생각한다.

■ ▪ 비행,
떠났다가 돌아오다

"쭈욱 뻗은 활주로의 출발점에 서 있다. 시동을 걸고 활주를 시작한다. 가속할수록 항력도 강해진다. 일정 속도에서 항력은 양력으로 바뀌고, 이때 기수를 들면 중력을 이기고 떠오른다."

항공기의 이륙 장면, 즉 지면을 박차고 날아올라 너른 창공을 떠다니는 '비행'Flying 이 시작되는 순간을 묘사한 것이다. 업자(?) 출신 게임 교육가로서 나는 여러분의 이해를 돕기 위해 게임을 비행에 비유하여 설명하고자 한다. 게임과 비행 모두, '다른 세계로의 이동'과 '본래 세계로의 복귀'라는 공통점이 있기 때문이다.

우리는 게임을 시작하며 현실을 떠났다가 게임을 마치고 현실(일상)로 돌아온다. 하늘의 매력을 만끽하며 비행하는 항공기도 때가 되면 지상으로 내려온다. 떠났다가 돌아와야 한다는 점에서 둘은 아주 비슷하다(물론 우리가 '비행하는' 하늘은 게임 말고도 많고, 저마다 다를 것이다).

 거꾸로 세계관: 게임 편

착륙 = 현실로의 귀환

비행 비유에서 주목해야 할 것은 두 가지인데, 그중 첫 번째는 '착륙'이다. 실제 항공기 운항에서도 가장 위험한 순간은 착륙 때이다. 그래서 어떤 이유로든 안전 착륙이 어렵다고 판단되면 비행 자체를 취소한다. 안전하게 내려올 수 없다면 아예 올라가지 않는 편이 낫다는 것이다. 이같이 착륙은 이륙만큼이나 중요하다. 모든 비행의 마지막은 착륙이다. 영원한 비행이란 없으니까.

게임도 비슷하다. 달콤한 쉼이나 스트레스 해소, 킬링타임 등을 위해 시작하지만, 끝나면 일상으로 돌아와야 한다. 아무리 재미있어도, 우리가 있어야 할 자리는 현실이니 말이다. 여행지에서 집으로 돌아가기 싫어 비행기 출발 시각이 되었는데도 공항에 가지 않거나, 축구에 너무 몰입해서 팔다리가 부러질 때까지 공을 차고 달린다면, 그것을 여가나 놀이라 할 수 있을까? 착륙은 게임을 마치고 건강한 일상생활로 돌아오는 것에 관한 비유이다. 게임을 마치고 현실로 돌아오는 것은 항공기 착륙만큼이나 집중하고 긴장해야 할 과정이다.

'게임하다가 현실로 돌아오는 게 뭐가 어렵다고 그러지?'

이런 생각이 들지 모르겠다. 그렇다. '게임 끝 = 현실 복귀'라고 보면, 여러분이 맞다. 창을 닫거나 전원을 끄면 되니까. 하지만 게임이 끝나도 머릿속에서 게임 속 세상과의 접속이 유지될 때가 있다. 자기도 모르게.

   3장. 게임 속 최종 보스, 시대정신

"저기요, 게임이 너무 재미있으면, 끝낸 뒤에도 생각할 수 있지 않
나요?"

"목표 스테이지나 미션을 클리어하지 못하고 게임을 끝내면, 당연
히 찜찜하고 억울한 거 아닌가?"

맞다. 하지만 내가 주목하는 건 그와 다른 이야기다.

플라스틱 모형 도색에 빠졌던 적이 있다. 내 손으로 나만의 걸작
을 탄생시키는 아주 짜릿하고 매력적인 경험이었지만, 작업할 때마
다 그런 건 아니었다. 실력 부족으로 짜증 나기도 하고, 망쳐서 집어
던지기도 하고, 피곤해서 대충하고 말 때도 있었다. 좋아하는 일이
라도 매번 즐거울 수는 없으니까.

게임도 그렇다. 게임하는 이유를 물어보면, 열에 아홉이 이렇게
대답한다.

"재미있어서."

하지만 게임하는 내내, 게임할 때마다 재미있냐고 물어보면, 또
열에 아홉이 이렇게 대답할 것이다.

"그렇지는 않아요."

우리는 게임 중에 부정적 경험을 한다. 그리고 그 상태 그대로 현

실에 돌아온다. 문제는 이 상태가 겉으로 보이거나 즉시 드러나지 않는다는 점이다. 게임 하늘의 영향을 받는 부분이 보이지 않는 내면이기 때문이다.

하늘 = 게임 속 또 다른 세상

두 번째로 주목해야 할 것은 '하늘'이다. 오늘도 이런저런 게임을 즐긴 여러분. 여러분은 자신이 날아다닌 '게임 하늘'에 관해 생각해본 적이 있는가? 여러분은 게임할 때 자신이 어떤 환경에 들어가게 되는지 알고 있는가? 도대체 게임 속이 어떻기에 쉼과 일상 도피, 재미를 위한 시간에 부정적이고 불쾌한 경험을 하게 된다는 말인가?

"게임이 너무 어렵거나 잘 안 풀려서 열받을 때를 말하는 건가요?"

아니다. (다시 비행 이야기로 돌아가서) 코스의 난도가 높거나 다른 날보다 비행기 조작이 잘 안 된다고 - 짜증 나고 약은 오를지언정 - 마음에 상처받는 조종사는 없을 테니까. 이건 전혀 다른 이야기이다. 시커먼 먹구름과 이상 기류로 멀미하거나 불시착하게 하는 실제 하늘처럼, 게임 하늘도 아름답고 안전하기만 한 곳이 아니라는 것이다. '하늘'은 우리가 즐기는 게임 안팎의 상황과 환경에 관한 비유이다.

게임에 포함된 요소 중에는 플레이어에게 수시로 부정적 영향을 주는 것들이 있다. 잔인하고 폭력적인 연출일 수도 있고, 그리스도인에게 적합하지 않은 메시지일 수도 있다. 그리고…, 함께 게임하는 실제 사람인 경우도 있다.

게임 하늘에는 우리처럼 비행을 즐기는 다른 게이머들이 있다. 그들은 우리와 협력하기도 하고 대결하기도 한다. 그리고 우리에게 깊은 상처를 주기도 한다. 자의 반 타의 반으로 남에게 부정적 영향을 주는 사람들이 만나고 모이는 곳. 게임 하늘은 그런 곳이다.

아무리 운전을 잘해도 옆 차량 운전자가 음주운전을 하면 나도 위험하다. 마찬가지로 아무리 바른 마음과 자세로 게임하려고 해도, 함께하는 사람들이 멋대로 굴면 나도 그 영향을 받을 수밖에 없다. 요즘 게임을 즐기는 사람이라면 다들 공감할 것이다. 우리의 게임 하늘은 다양한 사람들이 욕망을 절제 없이 마구 풀어놓는 '감정 쓰레기 터'가 된 지 오래다.

비행하는 사람이 느끼든 못 느끼든, 하늘의 위험 요소들은 비행기에 악영향을 미친다. 그런 환경은 파일럿 자신과 그의 비행기 전부를 망가뜨린다. 그래서 안전한 비행을 위해 실제 조종사와 관제탑, 비행기 정비사 등은 하늘과 비행기를 항상 확인한다. 악천후, 대기 중 이물질, 새 떼 등의 외부 환경에 비행기가 노출되면 위험한 일이 발생할 수 있기 때문이다. 비행 중에도, 비행 후에도 항상 비행기의 상태를 철저히 점검하고 수리한다.

 거꾸로 세계관: 게임 편

‘게임 하늘’을 향한 비행도 마찬가지이다. 게임 안팎의 상황을 이해하고, 게임 중에 자신에게 무슨 일이 벌어지는지 알아야 한다. 게임을 마친 뒤의 상태도 살펴야 한다. 이것만으로도 우리는 건강하게 게임을 즐기며, 게임 중 접할지 모를 부정적 영향에서 자신을 지킬 수 있다(그리 어렵지 않으니 겁내지 말자!).

4장.

호구와 금쪽이는 무사 착륙이 어렵다

강의하러 간 교회에서 어느 청년과 나눈 대화이다. 늦게 들어온 그는 쉬는 시간에 쑥스러운 얼굴로 내게 말을 건넸다.

"강사님, 늦어서 죄송합니다."

"괜찮습니다. 그럴 수 있죠. 어제 바쁘셨나 봐요."

"친구들이랑 게임하다가 늦게 잤어요. 그만하자고 할 때 껐어야 했는데…."

"타이밍을 놓치셨군요."

"게임이 잘 되면 분위기 때문에 한 판 더 하게 되고, 안 풀리면 막판은 이기고 자야지 하면서 계속하게 되더라고요. 한 판만 더. 이게 진짜 무서운 것 같아요."

그가 멋쩍게 웃었다. 게임 즐기는 독자라면 다들 공감할 것이다.

현실을 떠나 '게임 하늘'을 비행했다면, 착륙해서 다시 일상을 살아야 한다. 하지만 비행하다 보면 그러지 못할 때가 있다. 그 청년처럼 "한 판만 더, 한 판만 더" 하다가 새벽을 훌쩍 넘기게 되는 거다. 실제 비행이라면 정말 위험한 일인데, 왜 우리는 내려오지 않으려 할까?

슬프게도 현실에도 이와 비슷한 일이 벌어진 적이 있다.

2015년 3월 24일. 스페인 바르셀로나에서 이륙한 저먼윙스 9525편 여객기가 독일 뒤셀도르프로 향하고 있었다. 하지만 이 비행기는 프랑스 남부 알프스산맥에 추락하여 탑승 인원 모두 사망하고 말았는데, 정말 충격적인 건 사고 원인이었다. 기장이 잠시 자리를 비운 사이, 부기장이 조종실 문을 잠그고 일부러 비행기를 추락시킨 것이다(9.11 테러 이후, 항공사들은 테러범으로부터 조종실을 보호하기 위해 안에서만 문을 열 수 있게 했는데, 이 규정이 오히려 악수가 되고 말았다).

처음에는 차분하게 설득했던 기장은, 부기장이 말을 듣지 않자 강하게 문을 두드리며 열라고 소리쳤다. 하지만 부기장은 끝까지 말을 듣지 않았고, 외부의 어떤 연락에도 답하지 않았다.

부기장 안드레아스 루비츠Andreas Gunter Lubitz 는 평소 우울증을 심하게 앓았다. 비행교육 중에도 우울증으로 6개월 휴직을 했고, 그의 집에서는 다량의 항우울제, 진정제 등의 정신 치료 약물과 정상 근무가 어렵다는 의사 소견서가 나왔다. 감당할 수 없는 정신 상태로 조종간을 잡은 그의 선택은, 결국 끔찍한 사건으로 이어지고 말았다.

이 정도는 아니겠지만, 사전 검증하지 않으면 게임할 때도 착륙 문제가 일어날 수 있다. 계속 하늘에 머무르려 하거나, 다른 사람까지 방해하고 위협하며 거칠게 비행하거나, 자신의 안전한 비행을 도우려는 이들과 갈등하거나, 착륙 후에도 하늘만 생각하며 일상을 건강하게 살지 못하는 것이다.

안타깝게도 우리는 건강한 비행 - 게임으로 '아름다운' 쉼을 누렸다는 - 사례 대신, 추락 소식만 접해왔다. 끔찍한 범죄가 일어났는데 게임이 원인이라거나, 돈벌이를 위해 컴퓨터를 열 대나 돌리며 게임한다거나, 아이를 차에 둔 채 깜빡하고 게임에 빠져 있다가 다음 날 아침 숨을 거둔 아이를 발견했다는 기사들 말이다. 모두 비행하다가 착륙에 실패한 이야기이다. 무엇 때문인지 모르지만, 무사 착륙의 타이밍을 놓친 것이다.

거듭 말하지만, 비행의 마무리는 착륙이다. 어떤 하늘을 비행하든, 잘 갔다가 잘 돌아와야 한다. 그러려면 착륙에 실패하는 원인을 알아야 한다. 게임하는 동안 우리 안에 어떤 일이 벌어질 수 있는지,

게임 후에 우리가 어떤 상태가 될 수 있는지 살펴보자. 그럴 때 비로소 조심할 것과 싸울 대상이 보일 것이다.

게이머,
호구 되다

게임은 우리의 무사 착륙을 도울까, 방해할까? 내 생각은, 후자에 가깝다. 아름다운 게임 비행을 준비할 때 가장 신경 써야 하는 것은 바로 게임 자체이다. 하면 할수록 우리를 붙잡고 안 놔주고, 그물처럼 치밀하게 짠 구조로 지상으로 돌아와야 한다는 것을 잊게 만들기 때문이다.

CD가 없던 시절부터 게임한 덕분에 나는 게임의 변화 과정을 온몸으로 느꼈다. 오류 나지 않기를 기도하는 마음으로 디스켓을 한 장 한 장 정성스레 컴퓨터에 넣어 〈삼국지 영걸전〉코에이, 1995, 〈대항해시대2〉코에이, 1993 같은 게임을 설치해서 즐겼고, CD의 혁신적 등장으로 지금까지도 명작이라 불리는 〈워크래프트2〉Warcraft II, 블리자드 엔터테인먼트, 1995, 〈스타크래프트〉, 〈커맨드 앤 컨커 : 적색경보〉Command & Conquer : Red Alert, 웨스트우드, 1996, 〈히어로즈 오브 마이트 앤 매직2〉Heroes of Might & Magic 2, 뉴 월드 컴퓨팅 로키 소프트웨어, 1999 등에 열광하기도 했다.

이 게임들 모두 제한된 콘텐츠라는 공통점이 있다. 용량이 정해진

디스켓과 CD로 PC에 프로그램을 설치하면, 그것으로 끝이었다(추가 업데이트가 없다는 얘기다!). 그래서 클리어하고 나면, 더 할 게 없었다. 멀티플레이로 온라인 대전을 할 수 있었지만, 전화선을 끌어와야 인터넷을 쓸 수 있고(집 전화는 불통이 되고) 그나마 속도도 어마어마하게 느렸던 당시로서는 그림의 떡이었다.

그 시절 게임 개발사들은 게임 디스켓이나 CD 판매로 돈을 벌었다. 그래서 게임을 재미있게 만드는 게 중요했고, 소비자들은 재미있다는 소문을 좇아 이 게임 저 게임을 넘나들었다. 시간이 흘러 온라인 게임 시대가 도래하면서, 게임 시장도 급변했다. 더는 게임을 CD 같은 실물 저장 장치 형태에 담을 필요가 없었다(구입과 배송도 온라인으로 해결되었다!). 가장 결정적인 변화는 추가 콘텐츠를 제공하는 게 매우 쉬워졌다는 것이었다.

우리나라 온라인 게임계의 기념비와 같은 〈리니지〉Lineage, 엔씨소프트, 1988 나 내가 오픈 베타 서비스부터 즐겼던 〈마비노기〉Mabinogi, 넥슨 코리아, 2004 가 지금도 서비스 중인 현역 게임인 건, 모두 그 덕분이다. 업데이트를 통해 새로운 아이템과 던전, 스토리가 계속 제공된다. 2024년 8월 기준, 게임 웹진 '게임메카' 게임 순위 인기 순위 '탑텐'(Top10) 게임 중 다섯 개는 출시된 지 10년이 넘은 것들이다.

게임만 연식이 쌓이는 게 아니다. 게임의 역사를 함께한 플레이어들이 소비한 자원도 쌓인다. 게임이 재미있고 좋아서 그렇게 한 것이지만, 이제 그것은 '매몰 비용'이 되어 플레이어의 발목을 잡는다.

 4장. 호구와 금쪽이는 무사 착륙이 어렵다

여태까지 쏟아부은 게 아까워서 그만두지 못하게 되었다는 이야기다.

이것이 온라인 게임 시대에 돈을 벌기 위해 게임 업계가 사용하는 주요 전략이다. 우리가 게임에 매몰되어 빠져나오지 못할수록 그들의 지갑이 두둑해지기 때문이다.

게임 매몰 비용 삼대장: 시간, 돈, 관계

시간의 매몰

게임마다 차이가 있지만, 한 게임을 오래 하면 데이터나 자원이 누적되기 마련이다. 게임사는 그 누적치를 눈으로 확인할 수 있는 형태로 '멋지게' 보여준다. 게임에서 흔히 보게 되는 '업적'이나 '콜렉션'이 그 대표적 예다. 우리가 뿌듯해하는 사이, 게임사는 계속해서 새로운 무언가를 제공하고, 결국 우리는 발을 빼지 못하고 새로운 성취를 위해 게임을 계속하게 된다. 여태까지 들인 시간이 아까워 못 그만두는 것이다.

돈의 매몰

과거엔 게임 CD를 일시불로 구매했다. 하지만 요즘 게임은 휴대전화 요금처럼 월정액제나 - 게임은 무료지만 그 안에서 필요한 재화와 아이템을 따로 사야 하는 - 부분 유료화 시스템을 채택하고 있다. 게임사들은 사람들이 게임에 오래 머무를수록 - 아이템이나 재화 구매로 - 수익 가능성이 커진다는 것에 초점을 맞췄다. 이 전략은 주효했고, 게임 산업은 이전에 상상도 할 수 없던 큰 수익을 냈다.

우리는 여태까지 쓴 돈이 아까워 게임을 그만두지 못한다. 실제로 게임에 수십억을 쓰는 사람도 있는데, 그렇게 큰돈을 들인 게임을 어떻게 그만둘 수 있겠는가?

관계의 매몰

온라인 게임 중에는 구조상 혼자 플레이할 수 없는 것이 많다. 대부분 '길드'라는 집단을 이뤄야 할 수 있고, 전투도 개인이 아니라 수십 명 단위로 맞붙기 때문이다. 이런 게임에서는 그만두고 싶다고 해서 혼자 쉽게 빠져나갈 수 없다. 한 명의 이탈이 집단 전체에 피해를 줄 수 있기 때문이다. 그래서 누가 게임을 그만두려 하면, 수많은 길드 구성원이 아쉬움과 섭섭함을 표현하며 붙잡는다.

〈리그 오브 레전드〉를 플레이하는 중에 연인의 연락이 왔을 때, 받는지 안 받는지가 연인에 대한 애정의 척도'라는 말이 왜 나왔겠는가. 한마디로, 정에 약한 우리의 성향을 노린 것이다.

이렇게 게임사는 인간 속성을 정확하게 파고들어 게임을 구성한

    4장. 호구와 금쪽이는 무사 착륙이 어렵다

다. 2000년대 이후 게임 산업의 발전을 매몰 비용의 정교화 과정으로 봐도 될 정도로, 그들은 집요하게 이를 추구해 왔다. 덕분(?)에 우리 중 많은 사람이 쌓아둔 포인트 때문에 마음에 들지 않는 쇼핑몰을 떠나지 못하는 소위 '호구'가 되어버렸다(물론 자기 의지로 게임에 과몰입하는 사람도 많다).

그러나, 설상가상이라 했던가. 게임 비행을 멈추고 착륙하는 것이 어려운 것은 매몰 비용 때문만이 아니다.

게이머, 금쪽이가 되다

누구나 불쾌한 일을 겪는다. 무기력이나 분노 같은 부정적 감정도 경험한다. 하지만 그런 기분을 일부러 간직하는 사람은 없을 것이다. 그래서 불쾌한 정서를 얼른 치워버리고 싶을 때 많이 선택하는 방법이 비행(게임)이다.

하지만 앞서 비행기 추락 사건에서 본대로, 정서적으로 힘든 상태에서 비행하는 것은 위험할 수 있다. 그런데도 비행으로 부정적 정서를 해소하고 싶다면, 소중한 이들의 세심한 돌봄이 필요하다. 우리를 사랑하고 지지하는 분들의 격려와 조언이, 게임으로 즐겁게 비행하고 건강하게 돌아오는 데 큰 힘과 안전망이 되어주기 때문이다.

게임 속에서 우리는 본성, 그것도 이기적으로 제멋대로 행동하고 픈 욕구를 따르려는 사람들을 자주 만나게 된다(게임 내용에 따라 차이가 있다). 그들은 내키는 대로 거칠게 비행하며 부정적 기분을 화풀이하듯 아무에게나 여과 없이 표현한다. 다른 사람 마음이 상하든 말든 아랑곳하지 않는 것이다.

실제가 아닌 가상 세계여서 괜찮다고 생각하는 걸까. 아니면 누가 옆에서 부추기는 걸까. 그렇게 실컷 난폭운전(?)을 하고 나면, 속이 후련해진 느낌이 든다고 한다. 더 큰 문제는 이 현상이 매몰 비용 못지않게 우리의 무사 착륙에 부정적 영향을 미친다는 사실이다.

〈붐 비치〉Boom Beach, 슈퍼셀, 2014 라는 게임이 있다. 섬 한 곳을 개발하며 침략자들과 맞서 싸우는 것이 목표이다. NPCNon Player Character, 플레이할 수 없는 캐릭터 나 다른 플레이어들이 적이 되며, 서로 아무 때나 공격할 수 있다. 공격은 플레이어가 지휘하나, 방어는 인공지능이 알아서 한다.

섬에서 직접 채집하여 얻을 수 있는 것이 매우 제한적이라, 시간이 지나면 자연스럽게 자원 부족 상태에 이르게 된다. 설정 자체가 그렇다 보니 약탈 외에는 답이 없다. 온순한 성격이라 남을 공격하고 싶지 않은 사람은 어떻게 하냐고? 안타깝지만 이 게임은 기본적으로 공격자가 방어자보다 아주 유리하게 되어 있다. 그러니 침략 대신 채집을 추구한다면, 최고의 좋은 먹잇감이 된다. 하루도 가기 전에 다른 플레이어들이 그동안 열심히 모은 자원을 몽땅 꿀꺽할 것이다.

눈치챘겠지만, 이 게임에서는 평화로운 플레이가 불가능하다. 공격하지 않으면 손해인 세계이기 때문이다. 게임사는 왜 이런 게임을 만들었을까? 그들이 노린 건 무엇일까?

현실을 생각해보면 답은 간단하다. 바로 현실에 불만 많은 사람들이 품는 공격성이다. 현실에서 우리는 체면, 법, 도덕, 생존, 책임, 역할 등의 이유로 공격성을 누르며 산다. 그런데 남을 공격하고 약탈하는 직관적 방식으로 공격성을 게임에 쏟아내게 한 것이다. 게임사가 합법적으로 상대를 공격할 판을 깔아준 셈 아닌가? 남은 건, 옳다구나 하고 가벼운 마음으로 숨겨왔던 송곳니를 드러내는 일뿐이다.

알면서 하고, 알면서 내버려두고

'패배 작업', 줄여서 흔히 '패작'이라고 부르는 게임 행위가 있다. 대개 팀 게임에서는, 실력 차가 지나치게 큰 사람끼리 만나지 않도록 등급 시스템을 활용한다. 비슷한 실력끼리 만나야 공정한 게임이 되기 때문이다. 그런데 패작은 이 시스템을 다음과 같이 교묘하게 이용한다.

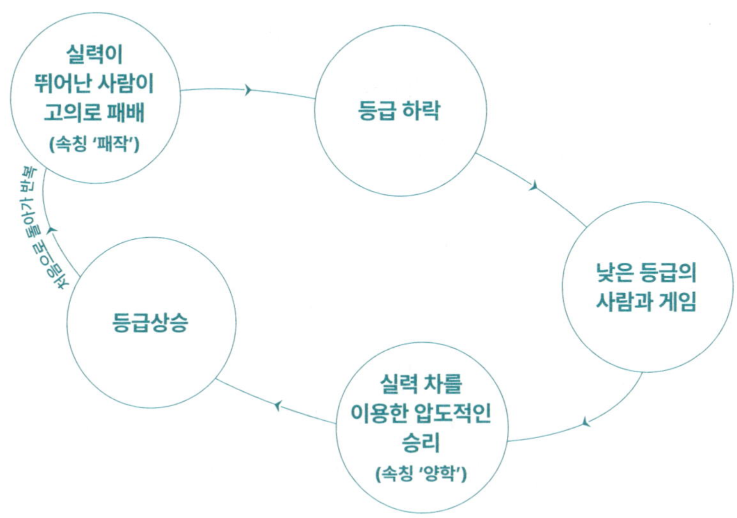

일부러 계속 패배해서 자신의 등급을 억지로 낮추는 것으로, 스포츠 승부 조작과 똑같은 짓이다. 승부 조작은 스포츠 관련 범죄 중 가장 질 나쁜 것으로 엄중 처벌을 받는다. 하지만 게임에서는 패작을 해도 따로 처벌할 방법이 없다. 게임사가 내릴 수 있는 최강 조치는 문제를 일으킨 플레이어의 계정을 영구 정지하는 것뿐이다. 하지만 그 플레이어는 다시 새 계정을 만들면 된다. '패작' 플레이어에게 이것은 오히려 포상이다. 가장 낮은 등급에서 출발하기 때문이다.

인터넷을 검색해 보면, 낮은 등급의 계정을 거래하는 경우를 심심찮게 볼 수 있다. 게임사들도 그 심각성을 인지하고 있다고 하지만, 별다른 대안을 내놓지도 않는다. 패작 문제는 팀 배틀 방식의 모든 온라인 게임에 존재하는데, 이 장르가 유행한 지 10년이 훨씬 지난

 4장. 호구와 금쪽이는 무사 착륙이 어렵다

지금까지도 이를 잘 해결했다는 사례는 보지 못했다. 방치하고 있는 게 아닌지 의심스럽다. 정상적으로 플레이하는 사람들이 고스란히 그 피해를 보고 있는데 말이다.

많은 사람이 게임 안에서 현실에서 채우지 못한 욕망을 마구잡이로 배설하라는 유혹에 넘어가, 자기도 모르게 '금쪽이'모 TV 육아 코칭 프로그램이 인기를 얻으면서 널리 알려진 말로, 금쪽같이 귀하지만 부모가 감당하기 힘든 문제 행동을 벌이는 아이들을 의미한다 가 되고 있다. 도대체 패작과 양학을 왜 하는 걸까? 약자를 괴롭히고 압도하면서 – 현실에서 갖지 못한 – 통제권과 주도권을 게임 속에서라도 갖고 싶은 것일까.

게임사들은 사람들의 욕구불만을 잘 알고 있다. 그리고 이를 게임의 인기와 수익 창출에 이용한다. '게임 하늘'에 사람들을 붙잡아두기 위해서 말이다. 그렇게 금쪽이가 된 플레이어들은 타인을 배려할 필요 없이 익명으로 욕구를 표출할 수 있는 게임 세계에서 나가려 하지 않는다. 덕분에 요즘 게임판은 온갖 욕망과 부정적 정서가 넘쳐나는 쓰레기통이 되고 말았다. 신나고 즐거워야 할 게임 시간에 오히려 상처받아 기분이 나빠지고, 그 기분을 풀겠다며 다른 게이머에게 더 심한 상처를 주고, 게임사는 – 이 모든 상황을 알면서도 – 섣불리 건드렸다가 사람들이 게임에서 빠져나갈까 봐 아무것도 하지 않는 악순환이 반복되고 있다.

게임 속에서 자기도 모르게 호구와 금쪽이가 되고, 그런 경험이 쌓이고 반복되면 원하는 때 건강한 상태로 일상에 돌아오기 어려워질 수 있다. 짙은 안개에 갇혀 하늘을 떠돌며 지상으로 돌아오지 못하는 비행기처럼 말이다.

그야말로 총체적 난국이다. 여기서 어떻게 벗어날 수 있을까? 하지만 우리에겐 아직 살펴봐야 할 것이 하나 더 남아 있다. 바로 게임이라는 '하늘'이다.

5장. 하늘 무서운 줄 몰랐다

햄버거는 음식이다. 그리고 더 넓게 바라보면, 문화적 산물이다. 모든 문화에 의도와 시대정신이 스며있다고 한 것을 기억하는가? 그렇다면 햄버거는 무엇을 전하고 있을까?

"동료와 담소 나누며 천천히 식사할 여유는 없어. 얼른 먹고 일하러 가자."

(그밖에도 여러 의미가 담겨 있겠지만) 나는 주로 이런 메시지가 느껴진다. 그렇다면 게임은 어떨까?

비행 비유에서 두 번째로 살펴볼 '하늘'이 바로 게임 속에 깔린 시대정신을 의미한다. 게임이 전달하는 시대정신은 우리 삶을 아름답고 윤택하게 할까, 고통스럽고 불행하게 할까? 게임을 즐기는 이들에게는 충격이겠지만, 후자라고 생각한다. 아무 생각 없이 해맑게 받아들이면 안 될 시대정신이 그 속에 여럿 존재하기 때문이다.

관계가 끊어진
고독한 존재

인기 게임 〈리그 오브 레전드〉에는 '트롤링'Trolling 이라는 행위가 있다. 뉴욕 타임스New York Times 가 '남의 감정을 멋대로 뒤엎으려는 시도'라고 정의하기도 한 트롤링은, 정상적으로 게임하지 않아 자기편을 패배하게 하고, 상대의 기분 망치는 것을 즐기는 짓이다. 우리나라에서 이 단어가 널리 알려진 계기가 된 게임이 바로 〈리그 오브 레전드〉였다.

〈리그 오브 레전드〉에서 트롤링은 빈번하게 일어난다. 트롤링을 자꾸 당해 짜증이 나서, 역으로 자신이 트롤링하는 이들도 많다. 나는 이 '트롤링'이라는 단어 자체가 놀랍다. 이제는 사람들이 게임에서 이기는 것마저 포기한 것 같아서다.

게임을 망치는 방법은 쉽고 다양하다. 5대5 팀 게임 구조상, 한 명이 트롤링을 하면 아군은 4대5(어쩌면 4대6?)로 싸우는 것이니 당연히 질 가능성이 커진다. 특히 가장 많이 플레이하는 등급 전에서는 승부의 균형을 위해 같은 등급끼리 맞붙는데, 이런 상황에서 트롤링은 정말 치명적이다. 이 결과로 등급이 오르거나 내려가기 때문이다.

그런데 꼭 이겨야 하는 등급전에서 아군의 트롤링으로 패배한다면? 집 주소를 알면 실제로 찾아가 욕을 한 바가지 퍼붓고 싶을 정도로 화가 날 것이다(내가 이 게임을 하지 않는 이유도 그것이다. 그런 일을 겪으면 억울하고 원통해서 잠을 못 잘 것 같다. 나는 '멘탈'을 지키고 싶다). 〈리그 오브 레전드〉로 유명해진 트롤링은, 이제 팀 게임 어디에서나 접할 수 있다.

트롤링은 당사자를 제외한 모두를 피해자로 만든다. 아군은 물론, 상대 팀도 정상적 게임을 즐길 수 없게 되므로 피해자인 셈이다.

이런 일이 현실에서 벌어졌다고 생각해보라. 친구들과 해외여행을 왔는데, 숙소를 예약하기로 한 친구가 고의로 친구들을 속였다면, 그래서 졸지에 노숙하게 된다면 어떨까? 상상만 해도 입안에 가시가 돋는다. 말도 안 되지만, 실제로 그랬다면 그 친구의 운명은…. 더 말할 필요 없을 것 같다.

그래서 현실에서는 트롤링이 자주 일어나지 않는다. 하지만 게임 세계에서는 하루에도 수차례 일어난다. 왜 그럴까? 게임만 했다 하면 정신이 이상해지기 때문일까? 이 괴리감은 어디서 생기는 걸까?

요즘 플레이어들은 다수가 함께하는 게임을 선호한다. 여러 사람이 섞여 살아가는 현실과 비슷해 보이지만, 게임은 결정적 부분에서 큰 차이가 있다. 그 '다수'가 불특정한 익명의 사람들이라는 것이다.

   5장. 하늘 무서운 줄 몰랐다

이는 다른 사람을 신뢰하기 어려운, 묘한 상황을 야기한다.

게임에서 만나는 사람들은 스스로 밝히지 않는 한, 신원을 알 방법이 없다. 스스로 밝힌다 한들, 증명할 수 없으니 백 퍼센트 신뢰하기 어렵다. 게임에서 상대와 접촉할 방법은 채팅과 플레이뿐이다. 게다가 인기 게임일수록 온라인상에 많은 사람이 들어와 있으니, 같은 사람을 또 만날 가능성도 작다. 다시 만나도, 같은 사람인지 확인할 길이 없다. 아이디만 새로 만들면 얼마든지 다른 사람으로 행세할 수 있으니까. 게임 세계가 근본적으로 타인을 신뢰하기 어려운 환경인 이유다.

게임은 본래 재미있자고 하는 놀이 활동이다. 그런데 함께 노는 사람들을 신뢰하기 어렵다면, 어떤 일이 벌어질까? 희한하게도, 자신의 욕망을 마구 분출하는 이가 많아진다. 상대를 신뢰하기 어렵고 어차피 다시 만날 일도 없으며, 상대가 자신에 관해 알 방법도 없기 때문이다.

이것이 요즘 게임의 현주소이다. 게임 관련 상담을 할 때, "게임하면 오히려 스트레스를 받는다"라고 하소연하는 사람이 많은 것도 그 때문이다. 요즘 디지털 게임들, 특히 접속자가 많은 인기 게임들은 다양한 사람의 다양한 욕망이 휘몰아치는 거대 소용돌이 같다. 게임하면서 기분 나쁘고 마음 상했다면, 십중팔구 자기도 모르게 누군가가 쏟아낸 욕망 회오리에 휘말린 것이다.

어차피 인생
각자 사는 거다?

현실에서는 누군가 타인을 어떤 형태로든 상해 입힐 때 이를 제재할 장치가 존재한다. 법이 존재하고 윤리가 작동하며, 양심과 체면이 있어서 예방할 수도 있다. 하지만 게임은 놀이이고 가상세계라, 그 안에서 개인의 욕망을 제재할 방법이 없다. 문제는 게임에서 받는 상처는 가상이 아니라 실재라는 사실이다. 더구나 그런 일을 계속 겪다 보면 삶의 태도에도 좋지 않은 영향을 받게 된다. 상처받은 그대로 다른 사람에게 상처를 주는 것이다.

좋지 않은 태도와 행동이 전염되는 건, 누구도 신뢰할 수 없기 때문이다. 누군가 자신의 상처받은 마음을 이해해 줄 거라고 기대하지 않고, 자신이 바르게 행동하면 남도 자신에게 바르게 행동할 거라고 믿지 않는다. 이는 '배려하면 손해 본다'라는 생각으로 이어지고, 결국 타인에게 상처를 주는 쉬운 방식을 택하게 되는 것이다.

타인이 상처받을 것을 모르고 트롤링하는 사람은 없다. 처음부터 그것을 노리고 하는 행동이기 때문이다. 나는 이 현상을 단순히 나쁜 심성 탓으로 돌리면 안 된다고 생각한다. 타인이 어떤 감정을 느끼든 신경 쓰지 않고 내 마음대로 하겠다는 태도와 행동의 뿌리에 '어차피 인간은 고독하고, 아무도 나를 도울 수 없다'라는 시대정신이 있기 때문이다. 행동이 전염되면, 그 기원이 되는 시대정신도 전염된다.

5장. 하늘 무서운 줄 몰랐다

그렇다면 옛날 게임들은 어떨까? 지금처럼 불특정 다수가 함께할 수 없으니 괜찮지 않을까? 딱히 그렇지는 않다. 다른 사람의 영향은 없겠지만, 게임 자체에 관계가 단절된 세계관이 깔려 있기 때문이다.

역사상 가장 위대한 디지털 게임 중 하나인 〈슈퍼마리오 브라더스〉SuperMario Brothers, 닌텐도, 1985. 주인공은 다들 아는 빨간 모자의 콧수염 아저씨 '마리오'Mario 이다. 그리고 게임 제목에서 보다시피 마리오에게는 동생이 있다. 초록 모자에 얼굴 길쭉한 콧수염 아저씨 '루이지'Luigi 이다. 게임 스토리는 단순하다. 마리오를 조종해서 악당 '쿠파'Bowser 가 납치한 '피치'Peach 공주를 – 온갖 역경과 맞서 싸우며 – 구해오면 된다. 그런데 이 게임을 하다 보면, 궁금한 게 생긴다. 도대체 루이지는 어디서 뭘 하는 걸까?

강해지기 위해 버섯과 꽃과 별을 먹으며 고군분투하는 마리오를 도와주는 이는 아무도 없다. 그는 자기보다 덩치가 몇 곱절 큰 쿠파를 오로지 혼자 이겨내야 한다. 마리오의 이런 모습, 익숙하지 않은가?

힘들고 고통스럽다고 말할 용기도, 그런 말을 들어줄 사람도 없이 늘 고군분투하며, 실패 앞에서 자기 탓밖에 할 수 없는 우리와 많이 닮았다. 버섯을 먹고 커지는 것과 '스펙'을 쌓기 위해 영어학원에 다니는 것은 본질상 비슷하다. 관계가 단절된 세계관은 게임 속에만 있는 것이 아니다. 현실 속 우리도 마리오처럼 고독하다.

'인간은 관계가 단절된 고독한 존재'라는 시대정신은 우리 삶에 어떤 영향을 줄까? 인간을 고독한 존재로 설정했으니, 그 고독한 개

 거꾸로 세계관: 게임 편

인이 얼마나 위대한지가 중요해질 것이다. 타인의 도움을 받는 것은 본인의 무능력을 드러내는 꼴이니 수치스러운 일이며, 자신에게 닥치는 모든 문제를 자기 힘으로만 해결할 능력을 갖추는 것이 가장 시급한 일이다.

아무 문제가 없어도 마음 편하게 쉴 수 없다. 앞으로 무슨 문제가 발생할지 모르기 때문이다. 그것도 남 도움 없이 스스로 해결해야 할 테니 완벽하게 대비해야 한다. 어릴 때 어른들의 도움을 받는 것은 어쩔 수 없지만, 하루빨리 홀로서기 할 능력을 갖춰야 한다. 그래서 도움을 주는 어른들도 어린이와 청소년들에게 자주 이런 식으로 이야기한다.

"지금은 도와주지만, 10년 뒤에는 어림없다?"

구구절절 설명하지 않아도 다들 공감하리라 생각한다. 과거에는 초상이 나면 집안이나 마을 차원에서 해결했다. 하지만 지금은 상조회사가 해결한다. 도움받는 것 아니냐고? 돈을 주고 이용하는 것이니 상관없다.

'관계가 단절된 고독한 인간'은 현대를 관통하는 중요한 시대정신이다. 그리고 게임은 그것을 그대로 퍼 나르고 있다. 우리는 오늘도 고독 속에서, 외로운 싸움을 하고 있다.

　　　　　　　　　　　　5장. 하늘 무서운 줄 몰랐다

끝없는
발전

2천 년대 초, 우리나라 온라인 게임의 부흥을 이끈 엔씨소프트의 〈리니지〉. PC에서 시작되어 모바일로 넘어온 이 게임은, 지금 'M'과 '2M' 버전이 오랜 시간 매출 순위 최정상에 군림하고 있다. 그런데 의외로 이 게임을 해봤다는 사람은 별로 없다(여러분은 어떤가?). 인기와 매출은 비례하는 게 아니던가?

2018년 엔씨소프트 사장 김택진 씨가 국정감사에 소환된 적이 있다. 〈리니지M〉 때문이었다. 국회의원들은 게임 안에서 구매하는 아이템에 관해 질문했는데, 〈리니지M〉의 아이템은 대부분 돈으로 직접 사는 구조가 아니었다. 아이템마다 획득 확률이 정해져 있고, 그 확률을 뚫어야 획득할 수 있다. 쉽게 말해, 돈으로 룰렛 돌릴 권한을 획득하는 것이다.

문제는 일부 고급 아이템들의 확률이 너무 낮다는 것이었다. 예를 들어, 최고급 아이템 중 하나인 '커츠의 검'은 뽑을 확률이 0.0001퍼센트, 즉 100만분의 1이었다. 로또 2등에 당첨될 확률이고, 슬롯머신에서 잭팟이 터질 확률의 1/3이다. 국회의원들은 사행성 문제를 제기했지만, 〈리니지M〉은 여전히 같은 방식으로 운영되고 있다.

그런데 이와 별개로 기절초풍할 지점이 더 있다. 이 100만분의 1 확률을 뚫은 게이머들이 있다는 사실이다. 인생의 운을 아이템 한 방에 다 날린 사람들일까? 당연히 그렇지 않다. 돈을, 말 그대로 들이부은 것이다.

왜 게임에 그렇게 돈을 쓴단 말인가? 아무리 돈이 많아도, 게임에 집 한 채 값 - 비유가 아니라 실제로 - 을 쓴다는 것이 말이 되는가? 바보 아닌가? 나는 이 말도 안 되는 일의 원인이 시대정신이라고 생각한다.

캐릭터 양성이 목적인 RPG 게임에는 주인공과 주인공이 맞서 싸워야 하는 몬스터가 있다. 처음에는 약한 몬스터를 잡다가 점점 강한 몬스터를 잡는다. 그러려면 당연히 주인공도 점점 강해져야 한다. 게임하다 보면 더 좋은 기술을 익히고 더 좋은 아이템을 착용할 기회를 얻는다. 이를 보통 퀘스트Quest 라고 하는데, 즉 게임 중에 누가 자꾸 뭘 하라고 시키는 것이다. 어디 가서 열매를 열 개 따오라고 하거나, 저기 가면 누가 다쳐 쓰러져 있으니 말을 걸어보라는 식이다. 귀찮음을 참고 퀘스트를 수행하면 보상을 얻고, 그렇게 캐릭터는 강해진다. 보통의 RPG 게임은 이런 식으로 구성되어 있다.

RPG 게임을 즐기는 독자라면 다 아는 이야기일 것이다. 오늘날 거의 모든 게임에 적용되는 시스템이기 때문이다. 그런데 시대정신의 관점으로 다시 보면, 공통점을 하나 찾을 수 있다. 의외로 단순한 공통점인데, 그것은 바로 숫자이다. 위에서 나열한 모든 콘텐츠는 한마디로 '숫자 늘리기'로 정의할 수 있다.

숫자 늘리기의 진실

'숫자 늘리기'라는 말을 '숫자'와 '늘리기'로 나눠 살펴보자.

숫자는 게임의 속성을 가장 잘 보여주는 단어이다. 게임도 결국 프로그램의 일종이라, 모든 것을 숫자로 바꿔 표현한다. 〈리니지〉 시리즈의 아이템들을 생각해보자. 디자인을 제외하면 무엇이 남을까? 아이템이 좋은지 안 좋은지 확인하려면 뭘 보면 될까? 숫자이다.

공격력이나 방어력, 거래 가격처럼 아이템 가치와 관련된 모든 것은 숫자로 표현된다. 캐릭터가 강한지 확인하려면 어떻게 해야 할까? 외형은 말 그대로 눈요기에 불과하다. 숫자 말고는 확인할 방법이 없다. 힘, 지능, 민첩성, 체력, 레벨 등 캐릭터의 모든 정보는 숫자로만 나타난다.

다른 장르의 게임도 마찬가지다. 캐릭터가 입은 피해, 남은 체력, 목적지까지의 거리, 미션 수행까지 남은 시간, 획득해야 하는 아이템 개수 등. 게임에서 제공하는 정보도 모두 숫자로 표현된다. 이것이 프로그램이라는 특성을 가진 게임의 한계이다.

이 사실이 왜 중요한가? 숫자는 셀 수 있는 것을 따질 때 의미가 있다. 셀 수 없는 것에서 숫자는 아무 의미도 없다. 예를 들면, 사람의 감정 같은 것 말이다.

"너는 2만큼 좋아하고 너는 5만큼 미워하는데, 방금 착한 일을 4만큼 했으니 이제 1만큼만 미워."

우리는 이런 식으로 말하지 않는다. 숫자는 셀 수 있는 것을 다룰 때 의미가 있다. 셀 수 있는 것은 무엇인가? 물질이다. 숫자는 물질

 거꾸로 세계관: 게임 편

을 상징한다. 숫자로 모든 것을 표현하는 게임은, 물질을 대변하고 있다고 봐야 한다.

이번에는 '늘리기'를 살펴보자. 흔히 늘어나는 것을 발전으로 생각한다. 게임이 지향하는 발전도 그런 것이다. 캐릭터는 점점 강해지고, 자산은 점점 늘어나고, 순위도 점점 올라가야 한다. 그래서 플레이어들은 게임 안에서 발전하기 위해 노력한다. 물론 내가 발전하는 동안 다른 플레이어들도 발전한다. 여기까지는 별문제 없어 보인다. 발전 자체가 나쁜 것은 아니니 말이다.

그러나 게임의 발전에는 심각한 문제가 하나 있다. 끝이 없다는 것이다. 게임의 온라인화 이후, 더 강한 아이템과 더 어려운 콘텐츠가 끝없이 업데이트되기 때문이다.

뽑을 확률이 0.0001퍼센트라고 국정감사에서 지적당한 〈리니지M〉 커츠의 검은 과연 현재에도 최강 무기일까? 커츠의 검은 〈리니지M〉의 장비 등급 중 '전설 등급'에 해당한다. 그런데 2019년 2월 27일, 업데이트를 통해 '신화 등급'의 장비를 만들 수 있게 되었다. 전설 등급보다 한 단계 높은 아이템이 추가된 것이다. 신화 등급 장비의 확률을 고려한 평균 제작 비용은 대략 13억 원으로 추정된다. 그리고 약 1년 뒤, 업데이트를 통해 신화 등급보다 높은 '유일 등급' 무기 '기르타스의 검'이라는 아이템이 추가되었다.

이렇게 오늘날의 게임은 플레이어가 안주할 수 없게 업데이트를 계속한다. 발전을 요구할 수 없게 되면 그 게임은 사실상 사형 선고

   5장. 하늘 무서운 줄 몰랐다

받은 것이나 다름없다. 그래서 서비스를 종료하지 않는 한, 게임 속 발전은 끝없이 이어진다.

이제 숫자 늘리기의 진짜 의미를 알았는가? 숫자 늘리기는 물질을 끝없이 늘리는(발전시키는) 것이다. 게임 세계는 플레이어인 여러분이 선한지, 아름다운지, 성실한지에 관심이 없다. 오직 가진 숫자가 얼마나 큰지, 얼마나 커질지만 중요하다.

이는 게임에만 국한된 이야기가 아니다. 현실의 예를 드는 것이 민망할 정도로 우리는 숫자에 둘러싸여 산다. 재산, 성적, 등급…. 너무 익숙한 것들이다. 학생 때는 실제로 미국 사람을 만나 영어를 유창하게 구사할 수 있는지가 그리 중요하지 않다. 그때는 영어 시험 점수가 중요하다. '숫자로 환산할 수 있는' 실력만 중요한 것이다.

어른이 되면 숫자의 압박은 훨씬 더 심해진다. 사람들은 많은 숫자를 가진 사람을 부러워하며, 그렇지 못한 자신을 초라하게 여긴다. 이런 압박감은 노년에도 사라지지 않는다.

〈리니지M〉에서 사람들은 좋은 무기를 얻기 위해 천문학적 액수의 돈을 쓴다. 단순히 돈이 많아서 그렇게 하는 것이 아니다. 그들이 집한 채 값을 게임에 태우는 근본적 이유는 끝없이 발전해야 한다는 시대정신 때문이다. 누구도 갖지 못한 엄청난 양의 물질을 소유하는 것이 삶의 가장 중요한 우선순위로 세팅된 것이다.

그러니 더 강한 아이템이 나오면 실제로 필요하지 않아도 얻어야 한다. 이미 게임 내 최강자 자리에 있어도 상관없다. 발전은 영원해야 한다. 잠들기 전, 캐릭터가 자동으로 사냥하도록 세팅한다. 현실 속 나는 잠들더라도, 내 캐릭터의 발전은 영원무궁해야 하니 말이다.

목적 지향적 세계

〈배틀그라운드〉Battlegrounds, 크래프톤, 2017 는 많은 인원(최대 100명)이 넓은 섬에서 무기와 탈것 등을 구해, 한 명이나 한 팀만 남을 때까지 싸우는 게임이다. 발매 당시 동시 접속자 수 300만 명을 넘겼고, 2020년 8월 기준 7천만 장의 판매고를 올려 역대 게임 판매량 5위가 될 정도로 큰 인기를 끌었다. 일명 '배틀 로얄 게임'이 인기를 얻게 된 계기가 된 작품이다.

나는 〈배틀그라운드〉가 우리나라에서 인기를 얻기 시작할 즈음, PC방에서 이 게임을 접했다. 게임은 비행기에서 자신이 원하는 지점에 낙하하면서 시작된다. 영문도 모르고 사람들을 따라 땅에 착륙한 나는 3분도 안 되어 전장에서 이탈했다. 친구는 착륙하자마자 빨리 무기를 획득해야 하고, 자신 없으면 사람들이 많이 가는 지역은 피하라고 했다.

어이없게 첫 게임을 날린 나는 바로 두 번째 게임을 시작했다. 이번에는 사람들이 거의 없는 지역에 낙하했다. 빈집을 털어 무기와 방어 장비를 장착하고, 가끔 마주치는 다른 플레이어들을 쓰러뜨렸다. 그렇게 두 번째 게임은 3등으로 마무리했다. 친구는 조금만 침착

했으면 1등 할 수 있었다며 나를 격려해 주었다. 하지만 나는 전장으로 돌아가지 않았다. 그 게임에서 너무 많은 의문이 생겼기 때문이었다.

〈배틀그라운드〉의 가장 큰 특징 중 하나는 스토리 설명이 없는 것이다(나는 이 게임에 스토리가 있다는 것을 책을 쓰며 알게 되었다). 무대가 되는 섬은 뭐 하는 곳인지, 집은 엄청 많은데 왜 다 비어 있는지, 무인도인데 왜 집에 무기가 잔뜩 있는지, 사람들은 왜 서로 싸우는지, 왜 알몸 상태로 시작하는지, 하필이면 왜 한 명만 살아남는 건지 게임은 전혀 설명하지 않는다. 그래서 나는 게임 두 판을 하는 내내 계속 머릿속으로 물음표를 떠올렸다.

친구한테 물어봤지만, 그도 아는 게 없었다.

"아무렴 어때. 재밌으면 됐지."

나는 그의 말에 흠칫 놀랐고, 서글퍼졌다. 목표만 이루면 그뿐, 이유는 전혀 중요하지 않은 것 같아서였다.

게임은 명확한 목표를 제시한다. 플레이어는 목표를 향해 나아가고, 그 과정에서 재미를 경험한다. 〈리그 오브 레전드〉는 상대 진영의 '넥서스'Nexus 파괴가 목표이고, 축구 게임의 대명사 〈피파〉 시리즈FIFA, 일렉트로닉 아츠, 1993 는 경기에서 이기는 것이 목표이며, 우리나라의 민속놀이(?)나 다름없는 〈스타크래프트〉는 상대의 모든 건물을 파괴하는 것이 목표이다. 누구도 헷갈리지 않을 만큼 명확하다.

그게 왜 문제일까? 평소에는 문제 될 것 없다. 우리도 실제 삶에서 나름의 목표를 세우고, 그 목표를 이루기 위해 노력하지 않는가? 명확한 목표는 계획을 실행에 옮기는 데 큰 도움이 된다. 문제는 그 목표를 어떻게 설정했느냐에 있다.

〈라스트 오브 어스〉The Last of Us, 소니 인터랙티브 엔터테인먼트 코리아, 2013 는 전염병으로 인류가 좀비처럼 변해버린 세계의 몇 안 되는 생존자들 이야기를 담은 게임이다. 플레이어는 (대부분) 주인공 조엘Joel 이 되어 좀비 바이러스 면역력을 가진 인류의 마지막 희망이자 또 다른 주인공인 엘리Ellie 를 무사히 목적지까지 호송해야 한다.

액션 어드벤처Action Adventure 장르인 이 게임은 스토리 영상 파트와 플레이 파트가 번갈아 나오는, 이런 장르에서는 흔한 구조로 되어 있다. 그런데 게임 즐기는 사람들 사이에서는 이런 게임을 '맹도견 RPG'라고 부른다. 게임이 시각장애인 안내견처럼 플레이어를 데리고 다니며 최종 목표까지 인도한다는 뜻이다플레이어가 자기 뜻대로 행동할 수 없다고 게임을 비꼬는 것. 이런 게임을 좋아하는 독자에게는 미안하지만, 〈라스트 오브 어스〉 같은 구조의 게임을 아주 잘 묘사한 말이라고 생각한다. 선택지가 없기 때문이다.

〈라스트 오브 어스〉의 스토리는 고정되어 있다. 영화를 영상 파트와 게임 파트 둘로 나눠 제작했다고 보면 된다. 이야기는 처음부터 끝까지 정해진 대로 흘러간다. 예를 들어, 조엘은 엘리를 목적지(치

   5장. 하늘 무서운 줄 몰랐다

료 약 개발하는 곳)까지 안전하게 데려간다. 그런데 그곳의 의사는 치료 약을 만들기 위해 엘리가 희생해야(죽어야) 한다고 한다.

조엘을 조작하는 플레이어는 여기서 선택해야 하는데, 사실상 선택지는 없다. 인류 구원을 위해 엘리를 희생하는 결말은 처음부터 이 게임에 존재하지 않는다. 딸을 잃은 과거가 있는 조엘은 엘리와 동고동락하며 그를 딸처럼 소중히 여기게 되었다. 이미 결말은 엘리를 살리는 것으로 정해져 있다. 플레이어는 그대로 하면 되는 것이다.

이유 실종, 자유 실종

약간의 차이가 있을 뿐, 많은 게임이 이런 식이다. 게임은 게임사가 제작하고, 게임 목표도 당연히 게임사가 정한다. 플레이어에게는 정해진 목표를 충실히 수행하는 것 외에 다른 선택지가 없다. 점심 식사로 빵과 잼이 나오는데 땅콩잼과 딸기잼 중 어느 것을 곁들여 먹을지 선택하는 것과 비슷하다. 땅콩잼과 딸기잼 중 하나를 '선택할 수 있다'라고 해서, 자유롭게 결정할 권리가 있다고 할 수 있을까? 그조차 타인에 의해 주어진 것이지 않은가?

몰려오는 적을 어떤 무기로 어떻게 공략할지는 플레이어가 선택할 수 있다. 하지만 적과 맞선다는 목표와 방식 자체는 선택 사항이 아니다. 그것은 전적으로 게임사에 달려 있다.

안타깝게도 우리는 누가 왜 이런 목표를 주었는지 까맣게 잊은 채, 게임사가 제시한 목표를 수행하는 데 매진한다. 목표가 뭐든, 재미만 있으면 그만이라고 생각하기 때문이다.

목표가 너무 많은 경우도 있다. 다른 플레이어를 앞지르기 위해 이뤄야 하는 목표가 엄청나게 많은 것이다. 그렇게 되면 목표가 주어진 이유를 생각할 겨를은 더 없게 된다.

〈스타크래프트〉가 그런 경우이다. 이 게임은 '상대 건물을 모두 파괴한다'라는 최종 목적을 이루기까지 해야 할 것이 너무 많다. 일꾼을 만들고, 상대를 정찰하고, 기지를 확장하고, 병력을 생산하고, 군대를 일일이 조종해야 한다. 이 과정이 실시간으로 급하게 돌아가다 보니, 상대 건물을 왜 부숴야 하는지 생각할 여유가 없다.

우리 현실과 무척 닮은 것 같지 않은가? 현대인에게 삶은 그 자체가 목표 달성 과정이다.

정해진 나이가 되면 학교에 들어가야 한다. 대부분은 '끝까지' 이유도 모른 채 공부하고 시험을 본다. 공부해야 할 양은 많고 시간은 부족하니, 의문을 품어도 금방 잊어버린다. 그렇게 수능을 보고 대학에 가면 취업을 준비해야 한다.

취업하면 그야말로 목표의 폭격이 시작된다. 목표는 내가 정하지 않는다. 상사 지시에 따르면 된다. '해야 한다'라는 말은 참 많이 듣는데, '왜 해야 하는지'에 관해서는 들어본 적이 거의 없다. 우리 대부분이 겪는 일이다.

    5장. 하늘 무서운 줄 몰랐다

이렇게 된 것은 '목표 달성이 가장 중요하다'라는 시대정신 때문이다. 이 시대정신은 목표 달성 이외의 모든 요소를 부차적인 것으로 간주한다. 목표를 왜 그렇게 정했는지, 그것이 어떤 의미인지, 목표 달성 과정에서 발생할 문제는 없는지, 목표를 달성하면 누가 얼마나 어떻게 행복해지는지 등은 뒤로 밀려난다. 오로지 목표를 이루는 것, 목표 달성에 도움이 되는 것만 살아남는다.

그래서 서점에는 목표 달성 방법을 다룬 책이 넘쳐나고 방송에는 목표 달성에 성공한 사람들이 계속 등장한다. 우리는 이 과정에서 자연스럽게 시대정신을 몸으로 습득한다.

"재미있으면 그만"이라는 친구의 말은, "목표 달성하는 것만 해도 바빠 죽겠는데 이유까지 생각해야 하나?"라는 의미였다. 그렇게 우리는 몸도 마음도 상한 채, 전쟁에 끌려가는 병사처럼 목표를 이루기 위해 하루하루 살아간다.

즉각적 보상

〈월드 오브 워크래프트〉World of Warcraft, 블리자드 엔터테인먼트, 2004는 내 인생 게임 중 하나이다. 나는 오랜 역사를 자랑하는 이 게임을, 입시 부담을 떨쳐내고 난 2007년 스물한 살 때 가장 열심히 플레이했다. 첫 번째 확장팩 〈월드 오브 워크래프트 : 불타는 성전〉World of Warcraft : the Burning Crusade. 블리자드 엔터테인먼트, 2007 이 막 출시한 때였다.

나는 먼저 이 게임을 하고 있던 친구들과 함께 미친 듯이 달렸다.

캐릭터를 생성하고, 1레벨부터 주어지는 퀘스트를 진행하고, 몬스터를 때려잡으며 성장을 거듭했다. 캐릭터는 쑥쑥 잘 컸고, 나는 당시 최고 레벨이던 70레벨에 도달했다. 그러자 최고 레벨인 친구들이 채팅으로 말을 걸었다.

A 오, 정훈이, '만렙'최고 레벨 달았네?

B 이야, 드디어 만렙이야? 그럼 이제 레이드 돌아야지?

나 레이드?

A 레이드가 (이 게임의) 최종 콘텐츠야. 우리랑 함께라면 충분히 갈 수 있지.

B 그럼, 그럼, 주말에 시간 비워놔라.

나 주말? 주말을 통째로 다 써야됨?

A 너는 갓 만렙 달았으니까 어려운 데는 아직 못 가고…. 카라잔레이드 이름 가면 되겠네. 거기에 보스가 열 명 있으니까…. 그래도 하루는 넉넉하게 비워놔야 할걸? 아무래도 넌 처음 가는 거니까.

나 ….

〈월드 오브 워크래프트〉의 '꽃'이라 불리는 레이드를 처음 경험하는 순간이었다. 친구들 도움으로 보스를 차례로 쓰러뜨리면서 나는 여태까지와는 비교도 안 되는 보상을 누렸다. 강력한 보스들을 천신

만고 끝에 쓰러뜨렸을 때의 짜릿함은 오래도록 기억에 남아 있다.

그로부터 10년 뒤, 당시 함께 게임 하던 친구들을 만났다. 직장, 결혼과 연애, 각자의 미래, 한참 동안 만나지 못한 다른 친구들 등을 주제로 대화하다가, 우연히 〈월드 오브 워크래프트〉 이야기가 나왔다. 우리는 너무 반가워서 신나게 추억을 쏟아냈다.

그러다가 이런 생각이 들었다. 게임에서 내 캐릭터는 무럭무럭 자랐다. 몬스터를 쓰러뜨리면 즉시 경험치가 들어오고 보상이 생겼다. 필요한 기술도 바로 배울 수 있었다. 게임 세계에서 내 캐릭터는 행동과 보상 사이에 틈이 없었다. 행동하면 결과가 즉시 게임에 반영되었다. 10분, 30분, 한 시간…. 몇 시간을 해도 내 캐릭터가 얼마나 성장했는지 바로 알 수 있었다. 이것이 이 게임에 흠뻑 빠져서 시간 가는 줄 몰랐던 이유였다. 나는 바로바로 성장하는 내 캐릭터의 모습이 좋았고, 현실의 나도 그러길 바랐다.

집에 돌아오면서 우리 이야기를 돌아보았다. 친구들과 나는 게임 캐릭터가 성장한 만큼 성장했을까? 하지만 우리는 삶에서 이룬 성취보다 삶이 주는 고민을 이야기하기 바빴던 것 같다. 그래서 돌아오는 내내 게임과 삶을 비교하며 '삶도 게임처럼 쉽고 빠르면 좋을 텐데'라고 한탄했다. 어른이 되면 모든 것이 달라질 줄 알았던, 철없고 유치한 시절 내 모습이다.

게임은 현실 중 일부만 단순화해서 반영한다. 현실 전부를 그대로 반영하면 게임이 너무 복잡해지기 때문이다. 그런데 이 과정에서 문제가 생긴다. 현실에 존재하는 '기다림'까지 단순화한 것이다(절대다수의 게임이 그렇다). 게임 세계에서는 행동에 대한 보상이 즉각 이루어진다. 보상받기 위해 기다릴 필요가 없다.

게임은 보상을 위한 기다림을 최소화하는 쪽으로 변화해 왔다. 모바일로 넘어오면서부터는 그 속도가 더 빨라졌다. 모바일은 기기 특성상 PC나 콘솔 게임처럼 오래 붙잡고 있기 어렵다. 대중교통으로 이동하는 시간이나 자투리 시간에 짧게 하는 경우가 대부분이다. 그러다 보니 시간이 많이 필요한 게임 대신, 전에 볼 수 없던 시스템이 대세로 자리 잡게 되었다.

■·■ 기다림의 과정을 배격하는 시대

〈데빌 메이커 : 도쿄〉엔크루 엔터테인먼트, 2013 라는 모바일 게임이 있다. 캐릭터 카드를 모으고 육성해서 적과 전투하는 단순한 게임이다. 재미나 내용과 별개로, 이 게임에는 당시 나를 충격에 빠뜨린 기능이 하나 있었다. 바로 '전투 스킵' 기능이다. 그 버튼을 누르면 전투가 시작하자마자 바로 끝나고 결과 화면으로 넘어간다. 게임의 핵심이라고 할 수 있는 전투마저 단순화하는 지경에 이른 것이다. 결국 플레이어가 보게 되는 것은, 과정이 아니라 결과로 얻는 보상이다.

게임을 이렇게 만드는 표면상의 이유는, 편의성과 원활한 플레이를 위해서다. 축구 게임을 현실처럼 90분 동안 하게 만들면, 하려는 이가 거의 없을 것이다. 정상적인 게임 진행을 위해 단순화는 꼭 필요하다.

그러나 냉정하게 살펴보면, 기다림의 단순화가 단순히 편의성 때문만은 아님을 알 수 있다. 기다림의 최소화와 즉각 보상은 '과정보다 결과가 중요하다'라는 시대정신이 반영된 결과다. 이 관점에서 기다림은 죄악에 가깝다. 결과가 빨리 나와야 하는데, 기다림은 그걸 방해하기 때문이다.

우리 사회는 기다림을 없애는 쪽으로 가고 있다. 점점 빨라지는 인터넷 속도나 택배 배송 속도가 대표적인 예이다. 과거에는 원하는 지식을 찾기 위해 도서관에서 산처럼 쌓인 책더미를 뒤져야 했지만, 이제는 유튜브 검색 한 번이면 충분하다. 우리는 이런 변화를 '효율성이 높아졌다'라고 하며 고평가한다.

이 시대에는 최단 시간에 결과를 내는 자가 우월한 사람이다. 효율성을 높이기 위해 중간 과정은 될 수 있는 한 없는 게 좋다. 결과 중심적 시대정신으로 인생을 둘로 나눈다면, 전반기는 효율성을 높이고 후반기는 누가 더 효율적인지 겨뤄서 승자가 살아남는 과정이 될 것이다. 여기에 효율성 떨어지는 노인층이 설 곳은 없다. 그러면 청년들은 안심하고 쉴 수 있을까? 언제 어디서 "결과 언제 나오냐?"라는 - 힐문에 가까운 - 물음이 들려올지 모르는데 말이다. 한국 사

람을 대표하는 단어 '빨리빨리'는 삶 깊이 스며들었고, 덕분에 우리
는 늘 백 미터 달리기 선수처럼 살아간다.

아는 게임, 낯선 메시지

하늘 이야기를 마무리하며 우리가 잘 아는 게임 몇 가지를
간단하게 분석해 보려고 한다. 어느 곳에 어떤 메시지(시대정신)가
담겨 있는지 살펴볼 텐데, 어쩌면 여러분도 어렴풋하게 느끼고 있는
부분일지 모르겠다.

리그 오브 레전드

내용	5대5 팀플레이 게임. 다양한 방식이 있는데, 가장 대중적인 맵 '소환사의 협곡'에서는 '탑, 미드, 서폿, 원딜, 정글' 중 한 가지 역할을 수행하며 팀원들과 협동해서 상대의 '넥서스'라는 건물을 파괴하면 최종 승리한다.
주요 메시지 **"기능이 역할을 좌우한다."**	캐릭터마다 장단점이 뚜렷하고 기능에 따라 역할이 달라진다. 여러 역할을 담당하는 캐릭터가 일부 존재하나, 대부분 하나밖에 소화하지 못한다. 캐릭터 기능상 다른 역할은 어울리지 않기 때문.
"상대를 이겨야 돈을 벌 수 있다."	게임을 통해 번 '골드'로 아이템을 구매하여 캐릭터를 강화하는 것이 핵심이다. 문제는 골드를 벌기 위해 상대를 죽여야 한다는 것. 상대 전사자 수가 아군보다 많아야 그 차이를 바탕으로 돈을 더 많이 벌고 아이템을 더 잘 갖춰, 전투를 유리하게 끌고 갈 수 있다.

5대5 대결 특성상, 압도적 실력 차가 아니면 한 사람의 능력으로 게임을 승리로 이끌 수 없다. 하지만 불특정 다수를 무작위로 묶어 게임을 진행하기에 아군을 신뢰할 수단이 극히 제한되어 있다. 실시간 게임인 관계로 팀원끼리 조율하고 설득할 시간도 부족하다. 타인에게 심하게 스트레스를 받을 수밖에 없는 구조인 셈.

배틀그라운드

내용 다수의 플레이어가 참여하는 생존 게임. 큰 섬에 상륙하여 아이템을 찾고, 각자 경쟁하며 한 명이나 한 팀이 남을 때까지 타인을 제거해야 한다.

**주요
메시지**

"세상 살아가려면
각자도생해야
한다."

아무 설명 없이, 모두가 서로의 적이 되어 최후의 한 명이 남을 때까지 싸운다. 자신 외에는 모두 적이기에 개인의 능력이 뛰어나야 살아남을 수 있다.

"내가 살려면
남을 쓰러뜨려야
한다."

시간이 지나면, 게임 속에 '자기장'이 발생한다. '자기장'은 특정 지역에 원형으로 발생하며, 그 안에 들어가지 않으면 체력이 자동으로 떨어져 죽게 된다. 즉, 사람들을 점점 좁은 지역으로 몰아넣는 시스템이다.

플레이어의 의지와 상관없이 자동으로 발생하므로, '살아남으려면 서로 죽여야 한다'라는 게임사의 메시지가 잘 드러나는 시스템이라고 볼 수 있다.

"명확한 목적이
없다 해도
옆에서 하는 대로
따라 살면 된다."

게임의 무대가 되는 섬의 정체, 캐릭터들이 게임에 참여하게 된 동기, 이런 방식으로 게임해야 하는 이유 등을 전혀 알려주지 않는다. 말 그대로 '게임이 시키는 대로' 게임 하는 셈.

내용　GPS와 증강현실을 활용하여, 실제로 포켓몬을 포획·육성하고 각자의 포켓몬으로 서로 경쟁하는 실시간 증강현실 게임이다.

주요 메시지

"현실도 게임처럼 할 수 있다."

실내에서 게임만 하던 사람들이 야외에 나와 걷게 되었다. 조깅, 자전거, 인라인스케이트 등 다양한 운동과 연계하여 게임을 즐기는 사람들도 있었다. 은둔자(?)들을 집 밖으로 불러냈다는 점에서 의의가 크다. 현실과 게임을 조합하여 크게 성공한 최초의 사례.

"우리 집단의 목적 달성 외에는 어떤 것도 신경쓰지 않는다."

초창기에는, 사람들이 모여 있으면 경찰이 "포켓몬 고 하는 분들이세요?"라고 물어볼 정도였다고 한다. 모르는 사람들이 게임을 통해 자연스럽게 만나 친해지고, 게임을 떠나서도 연락을 주고받으며 필요할 때 서로 돕는 일이 전 세계에서 벌어졌다.

하지만 포켓몬 고를 즐기지 않는 사람 중에는 특정 장소에 인파가 몰려 실질적 피해를 입은 이들도 있었다. 그런데도 게임사는 포켓몬을 포획하려는 게이머들과 게임을 즐기지 않는 사람들 간 갈등과 충돌을 막기 위한 어떤 조치도 하지 않았다. 전부 플레이어의 책임이 된 것. 포켓몬을 포획하기 위해 스마트폰에 집중하다가 교통사고가 발생하기도 했다.

이런 게임을 하는 플레이어는, 원하든 원하지 않든 게임 안에 담긴 시대정신을 따라 선택하고 행동하게 된다. 왜? 게임을 계속해야 하니까. 현실에서는 절대 그렇게 행동하지 않을 사람이라도 말이다.

6장

게임과 시대정신, 그리고 세계관

세계관과
시대정신

"진석이는 친구와 같이 게임을 하다가 화를 냈다."

사건, 즉 발생한 일을 적어놓은 문장이다. 여기 이런 말을 덧붙여 보자.

> "진석이는 친구와 같이 게임을 하다가 - 친구가 실수해서 - 화를 냈다."

이유가 추가되었다. 나는 이 문장에서 진석이의 '의지'가 느껴진다. 모든 사람이 친구의 실수 때문에 화를 내지는 않는다. 그럴 수 있다며 넘어가거나, 하던 게임을 그만두고 다른 게임을 할 수도 있다. 그런데도 화를 낸 것은 자의로 선택한 것이다. 화를 내라고 시키거나 협박한 사람은 없다.

두 번째 문장을 이렇게 수정하면 어떻게 될까?

> "진석이는 친구와 같이 게임을 하다가 - 지면 안 되는데 친구가 실수해서 - 화를 냈다."

 진석이는 '적어도 게임할 때는 지면 안 된다'라는 신념 때문에 친구의 실수에 관대할 수 없었고, 그에 대한 반응으로 분노를 선택했다.

시대정신은 개인의 신념에 영향을 미친다. 개인의 신념은 시대정신으로부터 완전히 벗어날 수 없다. 그런데 시대정신은 한두 명 정도가 아니라, 한 시대를 살아가는 사람 대부분의 신념에 영향을 미친다. 한 사람도 설득하기 힘든데, 수많은 사람에게 한꺼번에 영향을 미친다? 이것이 가능하려면, (시대정신이) 매우 설득력 있고 근거가 치밀해야 한다.

그렇다. 시대정신이 한 시대를 풍미하며 절대다수에게 강력한 영향을 미치는 건, '세계관'이라는 강력한 근거 때문이다. 세상의 창조나 구성 등 매우 거대한 주제를 다루는 세계관은, 개인이 하루 이틀 고민해서 만든 것이 아니라, 수백 수천 년 동안 켜켜이 축적된 생각의 틀이다. 시대정신은 세계관이라는 이 든든한 '빽'(?)을 믿고 사람들의 생각을 마음껏 휘둘러 왔다. 그렇다면 세계관은 도대체 어떤 내용을 담고 있을까?

세계관이 설명하는 것①
세계의 구성

"게임은 잘해야 재미있다."

이런 시대정신이 있다고 해보자. 우리나라에서 게임을 즐기는 사람 중에 이 문장에서 자유로운 사람이 몇이나 있을까? 그런데 누군가는 이렇게 말할 수도 있다.

"그러면 게임 못 하는 사람은 재미를 한순간도 느낄 수 없다는 건가요?"

이때 세계관이 등장한다. 시대정신의 근거로 말이다. 그렇다면 세계관은 어떤 방식으로 시대정신을 뒷받침할까? 다음과 같은 메시지로 그리할 것이다.

"맞아. 게임의 재미라는 게 원래 그런 거야."

이것 - "세상은 원래 그런 거야" - 이 바로 세계관이 담고 있는 내용이다.

조직에 속한 사람은 그 조직이 요구하는 역할을 해내야 한다. 조직과 개인은 보수와 노동을 담보로 계약을 맺으며, 이를 성실히 이행하지 못하면 불이익을 당하게 된다. 조직이 개인을 평가할 때, 학력과 학벌, 연고 등 개인의 노동과 무관한 요소가 개입되는 것은 부당하다. 개인의 노동은, 오로지 그가 노동을 얼마나 잘 수행했고 그 결과가 얼마나 뛰어났는가로 평가되어야 한다.

이것은 '능력주의' 혹은 '실적주의'라는 세계관으로, '게임은 잘해야 재미있다'라는 시대정신의 근거가 된다. 인간은 각자 고유한 능력이 있고, 그 능력의 우월함에 따라 평가받아야 한다는 것이다. 이는 게임 세계에서도 마찬가지이다. 사람들은 게임에서 우월한 퍼포먼스를 보이면 당연히 승리를 쟁취할 거라 여기고, 그렇게 되지 않을 때 분노한다. 이는 '능력대로 평가받아야 한다'라는 '능력주의' 세계관에서 나온 생각이다.

이것이 세계관이 첫 번째로 설명하는 '세계의 구성'이다. 세계와 그 속에서 살아가는 인간이 어떤 존재인지, 어떤 구조로 움직이는지 설명하는 것이다. 시대정신은 이를 통해 정당성을 획득한다.

세계관이 설명하는 것②
소중한 것

이번에는 '게임은 잘해야 재미있다'라는 문장에서 '재미있다'에 주목해보자. 게임하는 사람들은 누구나 재미있기를 바란다. 그리고 그 재미를 얻으려면 잘해야 한다고 생각한다. 이 문장에서 알 수 있는 또 한 가지 사실은 무엇일까? 게임에서도 '잘하는 것'이 매우 중요하다는 것이다. 잘해야 원하는 것을 얻을 수 있으니 말이다.

여기서 세계관이 설명하는 두 번째 요소가 등장한다. 바로 '무엇이 소중한가?'이다. 세계의 구성을 설명하는 것이 전부라면, 세계관은 과학과 다를 바 없을 것이다. 세계관은 세계의 구성을 설명하는 동시에, 무엇이 소중하고 무엇이 소중하지 않은지 알려준다. 능력주의 세계관에서는 '개인의 능력'이, 물질주의 세계관에서는 '귀한 물질'을 많이 갖는 것이, 결과주의 세계관은 '좋은 결과'를 내는 것이 소중하다. 하나같이 세계관에 의해 가치가 결정된 것이다.

철학자가 아닌 이에게 '세계의 구성'은 그리 매력적인 주제가 아니다. 설명을 들어도 별로 와 닿지 않을 것이다. 이것이 세계관 공부가 재미없게 '느껴지는' 이유이다. 하지만 '무엇이 소중한가?'는 다르다. 사람은 누구나 소중한 것을 가졌을 때 행복하다고 느낀다. 그리고 소중한 것을 잃어버릴까 봐 걱정하고, 어떻게든 지키려고 노력한다. 그런데 바로 그 소중한 것을 설명한다니, 어찌 귀 기울이지 않을 수 있겠는가.

어떤 세계관을 받아들이느냐에 따라 소중한 것이 달라지고 행복을 추구하는 방식도 달라진다. 같은 상황인데 누군가는 행복하고 누군가는 불행할 수 있다는 이야기이다.

시대정신의 사상적 근거로서, 세계관은 세계의 구성과 가치를 설명한다. 그리고 행복과 불행을 결정짓는 매우 중요한 요소로 우리 삶에 작용한다.

게임 속 세계관으로 살아갈 수 있을까

게임이 게이머의 건강하고 안전한 착륙을 방해하는 것도, 그 가운데 깔린 세계관 때문이다.

"막판에 이기고 게임을 끈다!"

게임 즐기는 사람들이 흔히 쓰는 말이다. 하지만 대부분 그렇게 하지 못하고 게임을 계속한다. '한 판만 더!'를 외치다가 아침 해를 맞는 경우가 흔하다. 우리는 마지막을 중요하게 생각한다. 재미있으려고 하는 게임인데, 이왕이면 즐겁게 마무리하는 것이 좋지 않겠는가? 그러니까 '막판에 이기고 게임을 끈다'라는 말은, 곧 '이기는 게

 거꾸로 세계관: 게임 편

즐겁다'라는 말을 다르게 표현한 것뿐이다.

'이기는 것이 즐겁다'라는 이 욕망은 어디서 온 걸까? 사람들은 소중한 것을 욕망하기 마련이다. 그렇다. 또 세계관 때문이다! '이기는 게 즐겁다'라는 주장이 당연하게 생각된다면, 자기도 모르는 사이 '결과 지상주의'를 받아들인 것이다. 결과 지상주의 세계관은 이미 너무 자연스럽게 우리 삶과 사회에 뿌리박혀 있어서, 세상이 원래 그런 거라고 여기게 한다. 세계관은 이런 방식으로 무언가를 욕망하게 만들어서, 우리의 무사 착륙을 방해할 수 있다.

〈리니지M〉를 소환해보자. 희소 확률로 뽑을 수 있는 '커츠의 검'에 사람들이 어마어마한 돈을 쓴다는 이야기 말이다. 확률이 그렇게 낮은데도 뽑고 싶어 하는 사람이 많은 건, 그만큼 '커츠의 검'이 소중하게 여겨진다는 뜻일 것이다. 왜 그럴까? '커츠의 검'이 보여주는 '숫자'가 압도적이기 때문이다. 공격력도 강하고 판매 가격도 엄청 높다. 그리고 우리가 큰 숫자를 소중히 여기는 건, 앞에서 밝힌 것처럼 '물질주의' 세계관 때문이다. 이렇게 세계관은 게임 하늘을 비행하는 우리를 위협하고 방해한다.

할리우드 영화 〈다크 나이트〉Dark Knight, 2008 에는 주인공 '배트맨'의 맞수로 '조커'라는 악당이 등장한다. 조커는 범죄를 저지를 때마다 선택지를 제시하는데, 이에 응하여 무언가를 선택한 사람들은 모두 불행해진다. 무엇을 선택하든 조커의 계획대로 흘러가기 때문이다. 배트맨과 경찰, 검사도 이 올가미에 걸려들어 소중한 것을 잃고

만다. 나는 왜곡된 세계관이 우리를 휘두르는 방식도 이와 비슷하다고 생각한다. 자신의 의지로 자유롭게 선택하는 것 같지만, 사실 우리는 왜곡된 세계관을 따라 왜곡되게 살아갈 때가 많다.

흥미롭게도 이 함정에서 벗어나는 방법이 영화에 등장한다. 바로 조커가 제시하지 않은 제3의 대안을 선택하는 것이다. 무고한 시민들이 탄 배와 범죄자들이 탄 배를 각각 납치한 조커는, 양쪽에 폭탄과 다른 배의 폭탄을 터뜨릴 기폭장치를 함께 실어놓고 이렇게 말한다.

"살고 싶다면, 기폭장치로 저쪽 배의 폭탄을 터트려라!"

그리고 자신이 정한 시간 안에 터트리지 않으면, 자신이 직접 두 배 모두 폭발시키겠다고 협박한다. 선택지가 주어진 것이다. 생사의 갈림길에 섰지만, 결국 시민들과 죄수들 모두 조커의 선택지를 거부하고 다른 배를 폭발시키지 않기로 한다. 선택지에 없는 것을 선택한 것이다. 결말은? 배트맨의 활약으로 모두 살아남는다.

게임이 제시하는 세계관만으로는 건강하게 살아갈 수 없다. 길게 설명하지 않아도 이미 삶에서 느끼고 있을 것이다. 왜곡된 세계관이라는 초대형 감옥에서는, 백날 선택해 봐야 결국 감옥 안이다. 여기서 벗어나려면, 〈다크 나이트〉의 인질들처럼 제3의 대안을 택해야 한다. 나는 성경적 세계관이 그 대안이라고 믿는다.

제대로 **놀고** 제대로 **착륙하자**

오늘, 당신의
게임 비행은 괜찮은가

강의 시간에 만난 청년과 이런 대화를 나눈 적이 있다.

"선생님, 저는 오버워치라는 게임을 하는데, 계정 정지를 세 번이나
당했어요."

"그렇구나. 어쩌다 그랬니? 세 번이나 정지당하기는 쉽지 않은데."

"게임이 마음대로 안 풀려서 심한 욕을 했거든요."

"저런, 마음이 안 좋았구나. 왜 그렇게 화가 났을까?"

"저는 이 게임을 잘하는 사람들의 동영상을 자주 봐요. 그래서 아는
건 많은데, 손이 안 따라 주는 거죠. 그러다 보니 괜히 다른 사람들
에게 짜증이 나더라고요."

"그렇구나. 그럼 게임을 끝낸 뒤에도 화가 안 풀릴 땐 어떻게 하니?"

"그게 고민이에요. 얼마 전에 저도 모르게 친구한테 화를 낼 뻔했어요. 게임에서 안 풀린 화가 계속 남아 있더라고요. 마음대로 안 되던 게임 장면도 자꾸 생각나고요."

이 친구가 가진 문제의 핵심은 '통제권'이다. 그는 주도적으로 상황을 파악하고 조절해서 원하는 결과를 얻는 경험이 부족했고 자존감도 낮았다. 그래서 〈오버워치〉Overwatch, 블리자드 엔터테인먼트, 2016 라는 게임으로 욕구를 해소하고 싶어 했다. 문제는 - 게임을 늦게 시작한 입장에서 볼 때 - 자기보다 잘하는 사람들이 너무 많다는 것이었다.

나는 그에게 다른 솔루션을 제안했다. 남과 비교하며 스트레스받지 않아도 되는, 혼자 하는 게임을 권한 것이다. 〈오버워치〉는 숙련된 플레이어끼리 원만하게 의사소통하고 협동할 때 재미를 느낄 수 있는데, 안타깝게도 그의 주변에는 그렇게 할 믿음직한 친구들이 없었다. 나는 그에게 눈치 보지 않고 마음껏 주도성을 발휘할, 무언가를 만들거나 운영하는 시뮬레이션 장르의 게임을 권했다. 애니메이션 느낌의 그래픽을 좋아하는 그에게 맞는 시뮬레이션 게임을 찾던 우리의 선택은 〈모여봐요 동물의 숲〉(이하 모·동·숲)이었다.

그는 〈오버워치〉에서 받은 스트레스를 〈모·동·숲〉으로 풀기 시작했다. 반드시 무언가를 해내야 하는 '과업 스트레스'가 없는 이 게임에서 힐링을 경험한 것이다. 더 신기한 건, 〈오버워치〉 때보다 게임

     7장. 제대로 놀고 제대로 착륙하자

시간이 줄었다는 점이다. 다른 게임으로 욕구를 효과적으로 해소하고 만족하게 되자, 게임을 전보다 일찍 끄게 된 것이다.

나는 게임 방식을 통해 그의 내면에서 벌어지는 일들을 살펴보았고, 덕분에 그는 더 긍정적인 방향으로 게임을 즐기게 되었다. 이로써 그의 게임 비행은 더 안전하고 쾌적해졌다.

나는 게임을 비행에 비유했다. 그리고 우리를 하늘에 붙잡아두려는 게임사의 전략을 살펴봤다. 이제는 다시 비행해야 하는 우리 입장을 돌아보자. 실제 하늘은 아니지만, 안전하고 행복하게 게임 하늘을 비행하기 위해 무엇을 점검해야 할까?

무사 착륙을 위해 점검해야 할 것

첫 번째는 감정이다. 부정적 감정에 휩싸인 상태에서 비행하는 건 위험하다. 거칠게 비행하거나 감정이 풀릴 때까지 하늘에서 내려오려 하지 않을 수 있기 때문이다. 비행하고 나서 급격히 기분이 나빠지는 것도 위험하다. 부정적 정서를 내버려 둔 채 현실로 돌아오면, 삶에서 다른 문제가 생길 수 있다. 게임하면서 강하게 느낀 정서가 있다면 체크해 보자. 게임 중에 느낀 좋은 정서와 나쁜 정서를 구분해서, 왜 그렇게 느꼈는지 살펴보라는 얘기이다.

게임을 잘 모르는 사람들은, 게임 하면 - 마약이나 술처럼 - 자동으로 기분이 좋아진다고 생각하는 경향이 있다. 하지만 그건 오해이다. 게임에서 벌어지는 일은 물질 때문이 아니라 타인과의 상호작용에서 생긴 결과이다. 문제는 사람 간 상호작용이 늘 기분 좋게 끝나지 않는다는 데 있다. 게임하는 모든 사람이, 게임할 때마다 행복해지는 건 아니다. 그래서 게임과 관련해서 우리 내면에 어떤 일이 일어났고, 그것이 게임 속 어떤 상호작용 때문인지 꼼꼼히 살펴보는 것이 좋다.

어렵게 들릴지 모르지만, 의외로 간단하다. 게임 중 어떤 상황에서 기분이 좋아졌고 어떤 상황에서 기분이 나빠졌는지 떠올려보면 된다. 이렇게 하면 자신의 감정을 알아가는 데 도움 될 뿐 아니라, 부정적 정서로 힘들 때 적절한 위로와 격려, 도움을 요청할 수 있다.

두 번째는 욕구이다. 일상에서 자신이 어떤 불만족을 쌓아놓고 사는지, 게임을 통해 이를 해소하고 싶다면 게임의 어떤 요소로 그렇게 할 수 있는지 확인해 보자. 게임한 뒤에 그 욕구들이 해소됐는지, 해소되지 않았다면 왜 그런지, 억눌린 욕구를 더 쉽고 건강하게 해소할 다른 방법은 없는지도 살펴봐야 한다. 해소되지 않은 욕구는 안전한 비행과 착륙, 건강한 일상생활에 심각한 장애물이 될 수 있으니, 꼭 해보라.

이기고 싶어서 게임을 하는데, 게임 속에서도 연거푸 지고 있다면 어떨까. 욕구 해소는커녕 불만족만 쌓일 것이다. 그렇다면 더 쉽게 승리감과 성취감을 느낄 게임이나 활동을 찾는 것이 낫다. 그리고 왜 그토록 이기고 싶은지, 왜 현실에서 그 욕구를 채우지 못했는지 생각해보라. 혼자 하기 어려우면, 주변의 신뢰할 만한 이들과 함께하거나 목회자에게 상담받아도 좋다.

세 번째는 게임에서 받은 메시지이다. 게임하는 방식과 구조, 다른 플레이어들이 주는 메시지를 분석하고, 좋지 않은 영향을 받았다면 합당한 조치를 해야 한다.

추운 지역을 오가는 비행기에는 날개에 얼음이 맺히는 아이싱 Icing이 발생하는데, 이 현상은 날개 모양을 미세하게 변형시켜 정상 비행을 방해한다. 그래서 요즘 비행기에는 날개에 생긴 얼음을 녹여 없애는 장치가 달려 있다. 마찬가지로 게임에서 받은 메시지가 우리에게 아이싱 현상을 일으킨다면, 그 역시 제거해야 한다.

이런 점검 사항을 담은 '비행계획서'를 부록에 수록해 두었다. 내가 제시한 건 예시일 뿐, 항목은 얼마든지 바꿀 수 있다. 신뢰할 수 있는 신앙 선배나 친구, 목회자와 공유하거나 함께 작성해 보면 좋겠다. 현실에서도 비행계획서는 조종사가 아니라 운항관리사가 작성한다. 거듭 말하지만, 비행은 혼자 하는 것이 아니다. 떳떳하고 당당하게 게임 하늘을 비행하고 싶다면, 꼭 다른 사람들과 나눠보기 바란다.

게임사의 꼼수에 맞서 게임하기

〈월드 오브 워크래프트〉의 4번째 확장팩, 〈월드 오브 워크래프트 : 판다리아의 안개〉World of Warcraft : Mist of Pandaria, 2012 는 '얼라이언스'Alliance 와 '호드'Horde 라는 두 진영이 경쟁하는 구조로 되어 있다. 그런데 여기에 애니메이션 〈쿵푸팬더〉Kung Fu Panda, 2008 의 주인공을 닮은 '판다렌'Pandaren 종족이 끼어든다. 이들은 '유랑도'라는 중립 지역에서 게임을 시작하고, 10레벨이 될 때 두 진영 중 한 곳을 골라 게임을 이어나간다. 판다렌 플레이어는 누구나 그렇게 게임을 즐긴다. 높은 레벨의 게임 콘텐츠를 즐기려면 당연한 선택이다.

그런데 아이디 'doubleagent'더블에이전트 를 사용하는 한 플레이어가 희한한 짓(!)을 하기 시작했다. 10레벨 판다렌인데도 진영을 선택하지 않고 유랑도에 계속 머문 것이다. 유랑도의 퀘스트는 클리어한 지 오래였고, 몬스터는 아무리 사냥해도 경험치를 주지 않는 상황. 그가 선택한 것은 놀랍게도 '채집'이었다.

다양한 재료를 채집하여 아이템을 만드는 '전문 기술'이라는 시스템이 있는데, 더블에이전트는 그중 '약초 채집'과 '채광'이라는 기술로 약초와 광석을 캐며 레벨업을 이어갔다. 다른 플레이어들은 그의 도전에 감탄하면서도, 그가 얼마 버티지 못할 거라고 생각했다. 채집으로 얻을 수 있는 경험치가 – 정상적인(?) 방식으로 얻는 것보다 훨씬 – 적기 때문이었다. 그들은 더블에이전트가 곧 지긋지긋한 채집 노동에 지쳐 유랑도를 떠날 거라고 여겼다.

그러나 2년 뒤, 사람들은 자신들의 생각이 틀렸음을 인정하며 더블에이전트에게 경의를 표할 수밖에 없었다. 그가 마침내 〈판다리아의 안개〉 최고 레벨에 도달한 것이다. 최초의 최고 레벨 중립 판다렌이 탄생한 순간이었다. 하지만 더블에이전트의 도전은 거기서 끝나지 않았다. 〈월드 오브 워크래프트〉는 새 확장팩이 출시되면 최고 레벨이 전보다 높아지는데, 그는 확장팩이 나올 때마다 최고 레벨을 경신했다. 그의 도전은 여덟 번째 확장팩 〈어둠땅〉Shadowlands, 2020년까지 이어졌다고 한다.

더블에이전트의 이야기는 〈월드 오브 워크래프트〉를 개발한 블리자드 엔터테인먼트Blizzard Entertainment에도 전해졌고, 게임사는 그의 위대한 도전에 경의를 표하며 게임 속에 그의 기념 캐릭터를 NPC로 만들어 주었다. '존귀한 주술사'Venerable Shaman라는 이름의 이 캐릭터는 지금도 유랑도 내 '수도사의 직업 전당'에서 플레이어들을 반갑게 맞이하고 있다.

인간은 참 기묘하고도 대단한 존재인 것 같다. 남들 가는 길로 편하게 가도 되는데, 더블에이전트는 자기 방식을 끝까지 꺾지 않았다. 그는 남들보다 수백 배 – 과장이 아니라 진짜로 수백 배 더 – 힘든 길을 택했다. 사람들이 물었다.

"도대체 왜 사서 고생하는가?"

진영을 선택하지 않으면, 최고 레벨에 도달해도 진영을 선택한 다른 플레이어들과 함께 게임할 수 없다. 하지만 그는 게임이 시키는 대로, 진영끼리 싸워야 하는 것이 싫었다고 한다. 그래서 이렇게 외치며 무기 대신 곡괭이를 들었다고.

"For Neutral!" 중립을 위하여!!

게임 밖에도
흥미진진한 도전이 있다

더블에이전트는 게임사가 짠 판을 따르지 않았다. 그는 '게임과 게임했다.' 〈월드 오브 워크래프트〉의 전통인 '양립할 수 없는 두 진영의 대결'이라는 메시지를 거부한 것이다. 이것이 놀이를 즐기는 자유로운 인간의 모습 아닐까? 게임을 즐기는 과정에서 그는 다른 플레이어에게 상처 주거나 피해 입히지 않았다. 불법을 저지르지도 않았다. 정해진 규칙 안에서, 남을 해치지 않으며 자기만의 방식대로 게임한 것이다. 나는 이것이 게임을 하면서도 게임의 세계관에 잡아먹히지 않는 방법이라고 믿는다.

〈리그 오브 레전드〉의 플레이 방식을 연구하기 위해 사람들에게 이런 질문을 한 적이 있다.

     7장. 제대로 놀고 제대로 착륙하자

"친구 셋이 함께 게임하고 있는데, 갑자기 상대편 로봇이 길게 손을 뻗어 친구 하나를 붙잡아 갔다. 납치당한 친구 앞에 적군 셋이 기다리고 있고, 그의 운명은 불 보듯 뻔하다. 당신이 남은 두 친구 중 하나라면, 이럴 때 어떻게 하겠는가?"

대부분 "버리고 도망간다"라고 답했다. "일단 도망치고 나서, 끌려간 친구를 탓한다"라는 사람도 있었다. 왜 어설프게 있다가 끌려가냐며, 다 게임을 못 해서 그런 거란다. 안타까운 반응이었다. 그래서 나는 그 게임을 하는 몇몇 친구들에게 이런 캠페인을 제안했다.

"적어도 친구들과 게임할 때만큼은, 무슨 일이 생겨도 친구를 버리지 말고 함께 싸우자!"

다른 사람들은 생각조차 하지 않는, 우리만의 게임 규칙을 추가하자는 것이었다. 어떻게 되었을까?

우선, 게임과 별개로, PC방에서의 분위기가 훈훈해졌다. 전에는 웃으며 PC방에 들어갔다가 서로 탓하며 싸우고 나올 때가 많았는데, 캠페인 이후에는 그런 경우가 확 줄었다는 것이다.

그리고 다들 게임 실력이 늘었다(나도 예상하지 못한 변화였다!). 친구를 지켜줘야 한다는 생각에 팀워크가 좋아지고 상황 판단과 반응이 전보다 빨라진 덕분이었다. 게임을 끝낸 후에는 플레이 중에

겪은 일을 복기하며 친구를 더 잘 지켜줄 방법을 고민(!)했다고 한다. 그러니 개인은 물론 팀 전체 실력까지 좋아질 수밖에.

그 친구들은 이제 혼자서는 게임을 거의 하지 않는다. 무엇보다 함께 게임하는 것이 행복해졌다며, 〈리그 오브 레전드〉를 하지도 않으면서 어떻게 그런 캠페인을 생각했냐며 내게 고마워했다.

나는 '끌려간 친구를 버린다'라는 판단이 '친구 캐릭터가 죽는 (작은) 손실보다 전체 게임에서 이기는 것이 중요하다'라는 관점에서 나왔다고 생각한다. 이는 전형적인 '결과주의' 세계관이다. 나는 이 세계관을 뒤집고 싶었다. 게임에서 지더라도 친구를 버려서는 안 된다. 결과적으로 이 캠페인은 게임에 관한 그들의 시각 자체를 바꿔놓았다.

'게임 속에서 또 다른 게임하기'는 거룩하지 않은 곳에서 거룩하게 살아보자는 제안이자 도전이다. 현실에서 거룩하게 살기 위해 노력하듯, 게임 하늘에서도 같은 원리로 살 수 있다. 게임사가 짜놓은 판을 따를 이유는 없다. 눈치 안 보고 멋대로 게임하고 싶어서가 아니라, 그리스도인으로서 거룩하게 살고 싶어서라면 더더욱 말이다.

대안은 있다, 언제나

게임사의 전략에 맞서기 위한 두 번째 제안은, 다른 게임이나 놀이를 찾는 것이다. 전달하는 정서나 메시지가 너무 자극적이라

아예 접하지 말아야 할 게임들이 있다. 기존에 즐기던 게임을 그만두는 건 쉽지 않지만, 그래도 게임이 주는 자극이 고통스럽다면 멈춰야 한다. 우리가 게임보다 존귀하기에 그렇다.

물론 "지금 하는 게임을 그만두라"라고 할 때, 가장 많이 듣게 되는 항변(!)이 "할 만한 다른 게임이 없다"이다. 그러면 나는 "세상은 넓고 게임은 많다"라고 한다. 세상에는 정말 많은 게임이 존재한다. 그리고 그중에는 기존 게임과 전혀 다른 메시지를 던지는 것도 많다.

앞에서 〈오버워치〉에서 받은 상처(?)를 치유(?)해준 〈모·동·숲〉이 그 예다. 이 게임은 요즘 인기 게임들의 공식을 거부한다. 무인도에서 다양한 생물과 재료를 채집하고, 직접 아이템을 만들어 집과 섬을 꾸미고, 동물 주민 NPC나 온라인에서 다른 플레이어와 만나 대화하는 게 전부다. 장르부터 애매한 게임이지만, 경쟁이나 승패, 남탓이 없다는 건 확실하다. 그 세계에는 처음부터 그런 요소가 아예 존재하지 않았다.

〈역전재판〉 시리즈캡콤, 2001 처럼 한 편의 거대한 이야기에 주인공으로 참여하거나, 〈심시티〉 시리즈Simcity, 맥시스, 2013 나 일본 게임사 카이로 소프트Kairo Soft 의 게임처럼 건물을 세우거나 단체를 경영하는 내용은 어떤가? 〈디제이 맥스〉 시리즈DJ Max, 로키 스튜디오&펜타비전 엔터테인먼트, 2005 나 〈탭소닉〉 시리즈Tapsonic, 네오위즈인터넷&펜타비전 엔터테인먼트, 2011, 〈큰북의 달인〉 시리즈남코, 2000 같은 리듬 액션 게임은? 〈레이튼 교수〉 시리즈레벨5 매트릭스 소프트웨어, 2007 같은 수수께끼 풀이 게임이나

'방 탈출' 퍼즐 류 게임도 흥미진진하고, 〈마이크로소프트 플라이트 시뮬레이터〉Microsoft Flight Simulator, 아소보 스튜디오, 2020 나 〈전차로 GO!〉 시리즈타이토, 1997, 〈트럭 시뮬레이터〉 시리즈Truck Simulator, 에스씨에스 소프트웨어, 2008 같은 시뮬레이션 게임도 취향이 맞으면 매우 재미있다.

모두 자기네가 정한 대로 똑같이 플레이하라고 요구하지 않는 게임들이다. 이왕 할 거라면, 편한 마음으로 할 수 있고 더 건강한 메시지를 주는 게임이 좋지 않겠는가?

지지그룹, 부정적 정서로부터 자신을 지키는 길

아이들과 함께 자신을 칭찬하는 워크숍을 해본 적이 있다. 칭찬을 다 적었는지 한 아이가 종이 여백에 무언가를 그리고 있었다. 다가가서 보니 작고 귀여운 캐릭터였다.

"와, 잘 그렸는데? 나는 그림 잘 그리는 사람이 가장 부럽더라."

진심이었다. 아이의 그림은 훌륭했다. 그런데 이런 답이 돌아왔다.

"이런 거 잘 그려서 뭐해요. 쓸 데도 없는데."

진심이 아니라는 것은 대번에 알 수 있었다. 정말 쓸데없다고 생각했다면, 아예 그림을 그리지 않았을 것이다. 그 생각은 아이 자신의 것이 아닐 것 같았다. 나는 그런 생각을 하게 된 다른 이유가 있을 것 같아, 아이를 따로 불러 이야기를 나눴다.

세상에 일부러 '난 별로야'라고 생각하거나 의도적으로 나쁜 감정을 느끼려는 사람이 있을까? 다들 자기를 괜찮은 사람으로 여기고 좋은 감정을 느끼고 싶어 하지 않을까? 그런데 그렇지 않은 사람들이 실제로 존재한다. 그 아이가 그랬다. 아이는 자기 그림을 객관적으로 보지 못했다. 그림에는 아무 문제가 없었다. 문제는 그의 그림을 지지해 주는 사람이 단 한 명도 없다는 것이었다.

"지금은 그림을 그릴 때가 아니란다."

"공부에 방해되는 건 다 그만두거라."

아이는 늘 이런 이야기를 들었고, 결국 스스로 자기 그림을 부정적으로 여기게 되었다.

사람 마음이 그렇다. 다이아몬드처럼 튼튼하고 변치 않으면 좋으련만, 주변 영향을 쉽게 받는다. 그래서 마음은 늘 소중한 관계를 통해 지지받아야 한다. 부정적인 마음을 숨기고 티 내지 않는 것은, 손가락에 박힌 가시를 내버려두는 것과 같다. 처음에는 괜찮은 척할 수 있지만, 갈수록 문제가 심각해진다.

거뚜로 세계관: 게임 편

기분 좋으려고 한 게임에서 기분이 나빠졌다면, 위로받아야 한다. 비행계획서를 작성해서 지인들과 나눠보라고 한 것도 그 때문이다. 마음의 상처는 부끄러운 일이 아니고 상처는 치료해야 하니, 꼭 용기 내서 나눠보면 좋겠다. 여러분을 지지하고 격려해 줄 사람들과 함께 게임하는 것도 좋다. 아예 처음부터 상처받지 않을 길을 선택하는 것이다.

이렇게 게임할 수 있다면

앞에서 내가 〈로스트 아크〉라는 게임을 하고 있다고 했다. 이 게임의 핵심은 여러 명(최대 여덟 명)이 막강 보스와 대결하는 '레이드 던전'이다. 레이드 던전은 난도에 따라 세 단계로 구분하는데, 나는 그중 가장 어려운 '헬' 콘텐츠를 하고 싶었다. 하지만 그 단계는 클리어해도, 클리어했다는 명예 말고는 유의미한 보상을 주지 않는다. 게다가 '헬'이라는 이름답게 엄청 어렵다. 그래서 - 모르는 사람들과 이런 게임을 했다가 다투게 될까 봐 - 늘 함께 게임하는 후배들과 팀을 짜서 도전했다.

호기롭게 보스를 맞이했는데, 이미 여러 번 잡아본 캐릭터였다. 그런데 이게 웬일인가! 단순한 공격에도 체력이 훅 사라졌고, 결국 내 캐릭터는 30초 만에 뻗어버렸다. 본능적으로 분위기를 살폈다. 욕먹어도 할 말 없는 상황이었다. 그러나 함께한 후배들 반응이 '감동'이었다.

> "와, 헬 난이도라 그런지 평소 잡던 거랑 완전 다르네요.
> 괜찮아요!"

> "평소엔 자잘한 공격 따위 그냥 넘겼는데, 여기서는 안 되네요.
> 보이는 대로 자세히 브리핑할게요!"

모두의 격려로 용기를 얻은 나는 다시 게임에 뛰어들었다. 다들 수없이 죽고 다시 시작하기를 반복했지만, 아무도 남을 비난하지 않았다. 우리는 적극적으로 의사소통하고 서로를 격려하며 더 나은 방법을 고민했다.

그래서 이 던전을 끝까지 클리어했을까? 세 관문 중 하나 클리어하는데 그쳤다. 하지만 기분 좋았다. 오랜만에 '함께 게임하는 느낌'을 제대로 만끽했다. 다들 그랬다. 기분 좋게 인사하고 게임에서 나오며, 혼자 중얼거렸다.

> "그렇지. 이게 게임이지."

우리는 언제부터 타인 깎아내리는 데서 재미를 찾게 되었을까? 원죄 때문이라면 할 말 없다. 하지만 게임에서는 서로를 격려하고 세워주는 말로도 충분히 재미를 느낄 수 있다. 서로를 지켜주는 방패가 되는 재미를 여러분도 꼭 느껴보기 바란다.

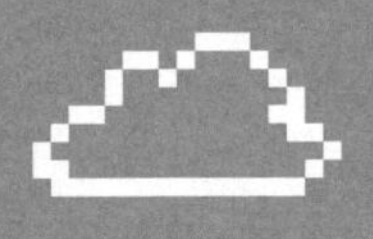

아는 만큼 무섭지 않은 하늘

　우리를 괴롭히는 게임 속 시대정신, 즉 세계관에 어떻게 맞서야 할까? 나는 '눈에는 눈, 이에는 이'가 정답이라고 생각한다. 세계관으로 맞서자는 이야기다. 불행하게 하는 세계관이 존재하듯, 건강하게 하는 세계관도 존재하기 때문이다.

인간은 관계를 맺는 인격적 존재

　게임 속 시대정신 이야기를 하면서 '인간은 혼자 살아가는 고립된 존재'라는 관점을 맨 먼저 소개했다. 그것이 현대인을 가장 심하게 괴롭히는 세계관이라고 생각하기 때문이다. 요즘 청년들은 이 세계관 때문에 홀로 모든 것을 이뤄내야 한다는 부담을 한 아름 어깨에 지고 살아간다. 인생이 원래 그런 것일까? 하나님은 태초부터 인간을 이렇게 살도록 창조하셨을까? 아니라면, 하나님은 인간이 어떻게 살기 원하실까?

세상을 창조하실 때, 하나님은 오직 말씀으로만 세상을 창조하셨다. "~이 있으라"라는 말씀 외에 다른 능력은 사용하지 않으셨다. 하지만 인간을 창조하실 때는 달랐다. 손수 흙으로 형상을 빚어 생기를 불어넣으셨다.^{창 2:7} 그래서 인간은 피조물 중에서도 유독 하나님을 많이 닮았다. 또한 하나님은 아담의 갈빗대로 하와를 만드시고, 둘이 사랑하여 가정을 이루게 하셨다.

여기서 우리는 하나님과 우리의 중요한 공통분모를 찾을 수 있다. 인간도 하나님처럼 인격을 가지고 관계 맺는 존재라는 점이다.

'인격'이란 단어는 참 오묘하다. 많이 들어보긴 했는데 설명하기가 쉽지 않다. 이런 경우, 다른 개념과 비교해 보는 것이 도움이 된다.

눈사람을 예로 들어보자. 눈사람은 추울 때는 그대로 있지만, 따뜻하면 녹아버린다. 눈은 인격이 아니라 물질이다. 물질은 오로지 하나님이 정하신 창조질서를 따른다. 우리가 눈사람을 어떤 마음과 태도로 만들었는지 눈은 신경 쓰지(?) 않는다. 인격적 존재가 아니기 때문이다. 하지만 인격적 존재는 그렇지 않다. 인격은 마음이 있고, 상대 마음도 느낄 수 있다. 그래서 인격적 존재들이 만나면 관계가 형성된다. 관계는 상대를 향해 어떤 마음으로 행동하느냐에 따라

　　　　　　　　8장. 아는 만큼 무섭지 않은 하늘

좋아지거나 나빠진다.

하나님이 우리를 인격체로 지으신 이유는, 그분이 인격적 존재이기 때문이다. 하나님은 가장 심혈을 기울여 만든 피조물이, 그분을 닮은 인격적 존재로서 하나님과 관계 맺는 즐거움을 경험하기 원하셨다. 하나님 닮은 인간은 그분이 예수님과 성령님과 관계하시듯, 다른 인격적 존재와 관계 맺도록 만들어졌다.

인간이 관계 맺는 존재라는 사실은 우리 삶에 매우 중요하다. 하나님처럼 실수 없고 완벽한 존재가 아니어서다. 인간은 늘 실수한다. 의지나 능력과 상관없이 일이 틀어질 때가 많다. 자신에게 닥치는 문제를 홀로 다 해결하지 못한다. 하지만 서로 도움을 주고받을 수 있기에 불완전해도 잘 살아갈 수 있다. 관계 덕분이다.

내가 못 하는 것을 저 사람이 잘할 수 있고, 저 사람이 어려워하는 것을 내가 잘할 수 있다. 우리는 각자 잘하는 것으로 서로 돕고 도움받으며 살아간다. 이 과정에서 돈이 오가면, 그게 곧 일이 된다. 그래서 인간은 홀로 위대해질 필요가 없다. 〈슈퍼마리오 브라더스〉에서 마리오가 버섯과 꽃과 별을 먹으며 홀로 강해져야 하는 것처럼 말이다.

모세를 처음 부르실 때 하나님은, 언변이 좋지 않다는 핑계를 대는 그에게 형 아론을 대변인으로 붙여주신다.출 4:10-16 출애굽이라는 엄청난 미션을 '독박' 쓰게 하지 않으셨다. 인간이 관계를 통해 서로 돕는 존재임을 알려주신 것이다. 다윗과 요나단, 다니엘과 세 친구,

예수님의 열두 제자들, 바울과 바나바 등등. 성경은 관계 이야기로 가득하다.

우리는 자신의 부족함 때문에 타인과의 관계가 서먹해질까 봐 걱정한다. '인간은 고독하고, 아무도 나를 도울 수 없다'라는 세계관이 너무 강하게 자리 잡고 있기 때문이다. 이 세계관을 따르면 홀로 완벽해지는 것이 먼저이고, 관계는 완벽해진 뒤에나 생각할 수 있다.

그러나 하나님은 관계에 대해 '완전하지 않아도 서로 돕고 사랑하며 관계 맺을 수 있다'라는 메시지를 전하신다. 인격적 관계는 능력의 정도와 별 상관없다. 아들이 서툰 솜씨로 만든 선물을 아버지는 자랑한다. 아버지의 자랑을 듣는 사람들도 아들의 부족한 능력을 놀리지 않는다. 아버지 마음이 어떤지 알기 때문이다. 완벽하면 관계가 필요하지 않다. 오히려 완벽하지 않기에, 인간은 관계 맺을 수 있다.

인격과 인격이 만날 때

2009년, 브랜든 데이먼Brandon Damon 이라는 미국인 청년이 카페에 앉아 있었다. 지나가는 사람들을 바라보던 그는 문득 그들의 삶이 궁금해졌다. 그래서 펜을 꺼내 노트에 이렇게 적었다.

"안녕하세요. 당신의 이야기를 여기 적어주세요."

소심한 성격이라 사람들이 자기를 이상하게 보지 않을까 우려했지만, 이런 걱정이 무색하게 그날 10여 명의 이야기를 모을 수 있었다. 브랜든은 노트에 적힌 이야기를 그대로 사진 찍어 SNS에 올렸는데, 이것이 바로 '스트레인저스 프로젝트'Stranger's Project의 시작이었다.

브랜든은 피켓을 만들어 뉴욕 거리로 나갔고, 더 많은 이야기를 모아 공유하기 시작했다. 사소한 이야기부터 진지한 인생 고민까지, 남녀노소 모든 이의 진솔한 이야기를 SNS에 올렸고, 많은 사람이 그가 모은 이야기를 또 다른 이들에게 전했다.

브랜든은 자신과 상관없는 낯선 이들의 이야기에 대중이 감동하는 모습이 놀랍고 신기했다. 사람들은 아이들의 천진난만한 이야기에 아빠 미소를 짓고, 힘든 일을 겪은 사람의 이야기에 위로를 건네고, 고통을 극복한 사람들의 이야기에 기립박수를 보냈다. 그의 스트레인저스 프로젝트는 많은 사람의 공감과 지지를 받으며 지금까지 이어지고 있다.

평생 볼 일 없는 사람의 이야기에도 공감할 수 있는 것은, 그 안에 녹아 있는 누군가의 '인격'이 읽는 사람의 인격과 맞닿은 덕분이다.

브랜든의 도전은 그래서 의미가 깊다. '인간은 인격체'라는 당연한 사실마저 잊고 사는 우리에게 자신의 본래 모습을 기억나게 해주니 말이다.

'한 아이를 키우기 위해서는 한 마을이 필요하다'라는 아프리카 속담이 있다. 관계 맺기가 어색해지고, '자기 문제는 자기 힘으로 해결해야 한다'라는 세계관에 사로잡힌 현대사회에서 꼭 생각해 볼 말이다.

불완전한 인간은 관계를 통해 자신의 불완전을 남 탓으로 돌리거나 능력 부족을 한탄하지 않고 행복할 수 있다. 하나님이 우리를 그렇게 만드셨기에, 이는 예나 지금이나, 앞으로도 불변의 사실이다.

발전이 꼭
영원한 것은 아니다

인간은 발전을 객관적 수치로 확인하고 싶어 한다. 그래서 발전을 눈에 보이고 셀 수 있는 물질적 성장으로 정의하려는 경향이 강하다. 여기서 나온 것이 '물질주의'와 '진보주의', 즉 발전은 영원해야 한다는 세계관이다.

이 세계관의 가장 큰 문제는 인간을 조급하게 만드는 데 있다. 살다 보면 개인과 공동체, 기업과 단체, 사회와 국가의 발전이 멈춘 것처럼 보일 때가 있다. 그럴 때 작동하는 것이 진보주의이다. 진보주의는 끝없이 경주마를 내리치는 채찍처럼 온 세상을 자극하며 몰아간다.

   8장. 아는 만큼 무섭지 않은 하늘

발전의 기준을 물질로 삼는 것도 우리를 조급하게 한다. 물질은 사용할수록 닳거나 소모되기 때문이다. 대표적인 것이 돈이다. 아무리 많아도, 돈은 쓰면 사라진다. 숫자는 자연스럽게 줄어드는 쪽으로 흘러간다. 그래서 조급해질 수밖에 없다. 숫자 줄어드는 것을 눈 뜨고 지켜보기 어렵기 때문이다. 진보주의는 더 세게 채찍질하고, 인간은 고통스러워한다. 발전의 기준이 물질이 되는 순간, 삶에서 쉼은 사라진다.

그러나 하나님은 진보주의 세계관만으로 세상을 짓지 않으셨다. 봄이 되면 꽃이 피고 여름이 되면 수풀이 우거지지만, 가을에는 초록빛을 잃고 겨울에는 죽은 것처럼 가지만 남는다. 봄에 꽃이 피어 겨울까지 만발한 식물은 없다. 동물도 마찬가지이다. 장성한 수사자는 다른 수사자와 싸우며 영역 다툼을 하고, 당당하게 왕좌에 올라 무리를 거느린다. 그러나 결국 나이가 들면 젊은 수사자에게 왕좌를 내주고 쓸쓸히 물러난다. 그리고 피할 수 없는 죽음을 맞는다.

인간도 그렇다. 게임에서 신적 존재들은 인간을 '필멸자'必滅者 라고 부른다. 말 그대로 인간은 영원히 발전하지 않고 반드시 소멸한다. 아무리 영화롭게 살았어도 끝에는 죽음이 두 팔 벌려 기다리고 있다. 그 과정에서 늙고 병든다. 젊은 시절 아름다움은 사라져간다. 젊었을 때는 쉽게 하던 것들을 점점 못 하게 된다. 진보주의가 아무리 채찍질해도 이 사실은 변하지 않는다. 인간은 결국 '빨리 달릴 수 없는' 말이 된다.

서글퍼졌다면 미안하다. 하지만 지금 서글프다면, 여러분은 '영원한 발전'이라는 세계관을 장착한 채 이 책을 읽고 있는 것이다. 그 세계관 앞에서 우리에겐 소망이 없다. 숫자가 늘어나는 것 말고도 자신을 바라볼 다른 관점을 찾아야 한다.

하나님은 물질과 달리, 평생 사용해도 사라지지 않는 것도 창조하셨다. 그리고 감사하게도, 인간에게 그런 특성을 주셨다. 그것이 바로 정신적 자질이다. 인간의 능력은 소진되지 않는다. 오히려 쓸수록 늘어난다. 그리스 철학자 아리스토텔레스는 이것을 다음과 같이 설명했다.

> "인간은 특정 행동을 반복함으로써 특정 자질을 획득한다.
> 올바른 사람이 되고 싶은가? 그렇다면 지금 올바른 행동을 하라.
> 용감한 사람이 되고 싶은가? 그렇다면 지금 용감한 행동을 하라."

사랑을 예로 들어보자. 사람은 돈을 쓰듯 사랑하지 않는다. 사랑은 통장 잔고와 다르다. 돈은 쓸수록 줄어들지만, 사랑은 할수록 더 강하고 풍성해진다. 물질로 설명할 수 없는, 하나님이 허락하신 인간의 놀라운 점이다. 아리스토텔레스는 인간의 이런 면을 잘 알고 있었던 것 같다. 운동하면 근육이 붙듯, 용감한 행동을 반복할수록 점점 더 용감해지는 것이 인간이니 말이다.

다윗은 왕이 된 후 이스라엘 인구를 조사했다가 하나님에게 크게 혼난 적이 있다. 다윗의 인구조사 명령을 들은 군대장관 요압은 "하나님이 지금 이 백성을 백배나 더 불어나게 해주실 텐데 왜 지금 굳이 백성들의 수를 확인하려 하는가?"라며 우려한다.삼하 24:3 하나님이 '숫자'를 어떻게 생각하시는지 잘 보여주는 대목이다. 그분은 겉모습에 속지 않으신다.

하나님이 숫자에 연연해하셨다면, 예수님도 두 렙돈을 바친 과부를 혼내셨을 거다(좋은 곳에 투자해서 십만 배로 불려 오라고 하지 않았을까). 그러나 하나님은 그런 분이 아니다. 하나님은 숫자에 관해 우리와 다른 기준을 갖고 계신다. 그분은 중심을 보신다.

유○브와 서점에는 재테크 관련 영상과 서적이 넘쳐난다. 현금을 쥐고 있는 건 바보짓이라며 주식이나 부동산, 가상화폐 시장에 투자하다 울고 웃는 이들도 많다. 중심을 보시기에, 하나님은 요즘 유난히 서글프실 것 같다. 그러나 이런 시절에도 '거꾸로 가는' 사람들은 있게 마련이다.

아웃도어 패션 브랜드 '파타고니아'Patagonia 의 창업자 이본 쉬나드Yvon Chouinard 는 '자본주의를 혐오하는' 경영자이다. 그의 기행(?)을 살펴보자.

파타고니아는 "Don't Buy This Jacket"이 재킷을 사지 마세요 이라는 광고를

한 적이 있다. 이 무슨 황당한 카피인가? 그들은 친절하게도 옷을 사지 말아야 할 설명까지 덧붙였다. 자사 점퍼가 환경오염에 일조한단다.

뒤이어 그들은 'Worn-wear'낡은 옷 라는 고객 참여 캠페인을 시작했다. 새 옷에 관심이 쏠리는 뉴욕의 패션 위크를 겨냥해서 'Better Than New'새것보다 나은 라는 슬로건을 내건 이 캠페인은, 자녀가 부모의 파타고니아 제품을 물려받아 입고 있음을 인증하는 것이었다. 그토록 오래 입어도 문제없는 제품을 만들어준 파타고니아에 감사를 전하며 말이다. 신상품을 사지 말라고 광고했지만, 오히려 고객 충성도는 높아졌다. 이런 신기한 회사가 있다니!

파타고니아는 업계 1위 브랜드가 아니다. 숫자로만 평가하면 그렇다. 하지만 파타고니아 같은 기업은 세상 어디에도 없다. 그들은 숫자보다 고객, 나아가 세상과 좋은 관계 맺는 것을 중요하게 생각한다. 다들 황당하게 여겼지만, 그들의 세계관으로 보면 숨 쉬듯 자연스러운 일이었다.

미국 미네소타의 맥주 회사 '피네건즈'Finnegans 는 수익 전액을 가난한 이들과 나눈다. 영업이익을 전액 공유하는데 어떻게 살아남을

     8장. 아는 만큼 무섭지 않은 하늘

수 있냐고? 이 회사의 운영 방식은 다음과 같다.

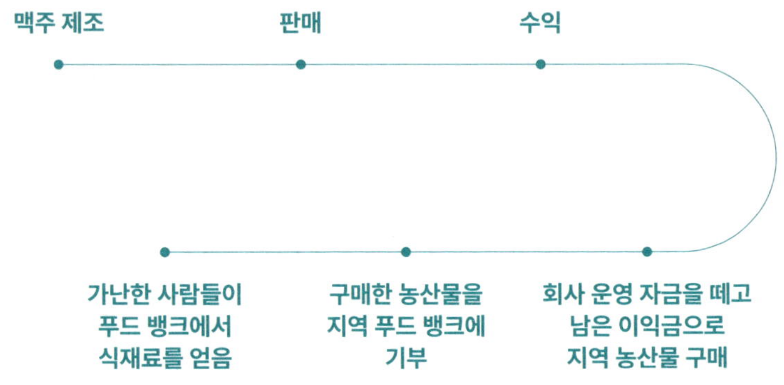

2000년 설립한 이 회사는, 2009년까지 창립자 재키 벌그룬드 Jacquie Berglund 혼자 운영했다. 그런데 놀랍게도 규모가 점점 커져 지금은 매년 2백만 달러 이상을 기부하는 회사로 성장했다.

피네건즈는 미네소타주와 그 주변 지역에서 맛볼 수 있는 지역 맥주이다. 더 맛있는 맥주를 만드는 더 큰 맥주 회사도 많지만, 피네건즈의 행보는 특별한 도전을 준다. 회사는 무조건 많은 수익을 내고, 그 돈을 밑천 삼아 더 큰 이익을 내야 한다는 우리 상식이 정말 맞는 건지 의심하게 만든다.

단순히 숫자가 커지는 것, 그 이상의 무언가가 삶에 존재한다는 것을 이 두 회사를 통해 볼 수 있다.

가치 지향적 삶

게임은 플레이어에게 목표를 주고, 플레이어는 이를 달성해서 보상받는다. 게임사는 게임 세계에 더 오래 머물도록 쉼 없이 목표를 제공하고, 사람들은 이를 신속하게 달성하는 데 매달린다. 이 무한 반복 뒤에는 '목표 지상주의'라는 세계관이 있다.

목표 지상주의는 목표 해결에만 매달리다 다른 중요한 것을 놓치게 만든다. 목표 이룰 능력이 부족한 자신을 학대하거나, 목표 이루는 데 혈안이 되어 몸과 마음 상하는 것을 돌보지 않거나, 목표 달성에 방해된다며 사람들과의 관계를 차단하는 것이 대표적인 예이다. 이런 사람들은 보통 '목표를 이룬 뒤에 잃어버린 것을 챙기자'라고 자기최면을 건다. 하지만 그때는 이미 회복할 수 없을 정도로 망가진 경우가 많다.

'방향'을 잃는 경우도 있다. 목표 이루는데 매이다 보면, 목표 자체를 생각하지 못하게 된다. 커다란 그림을 그릴 때는 수시로 멀리서 바라봐야 한다. 그렇게 하지 않으면 직선이라고 그린 것이 실제로는

    8장. 아는 만큼 무섭지 않은 하늘

사선이 될 수 있다. 붙어 있기만 해서는 그림 전체를 볼 수 없기 때문이다.

목표 지상주의도 그런 결과를 가져올 수 있다. 열심히 그렸는데, 완성하고 보니 의도와 완전히 다른 그림이 되어있는 것이다. 방향을 점검할 여유를 앗아가기 때문이다.

구약성경 사무엘상 4장에는 언약궤 강탈 사건이 기록되어 있다. 블레셋에게 이기고 싶었던 이스라엘 백성이 - 하나님의 능력을 이용해 보려고 - 그들과의 전투에 언약궤를 들고 나갔다가 대판 깨지고 언약궤까지 뺏기고 말았다. 언약궤를 '승리를 가져다줄 부적'으로 여긴 거다.

이스라엘 백성은 승리라는 목표에 사로잡혀 있었다. 언약궤의 의미와 만들어진 배경, 그것이 소중한 이유에는 무관심했다. 하나님은 그들의 태도가 마음에 들지 않으셨고, 결과는 참혹했다. 이것이 목표 지상주의의 무서움이다. 목표 지상주의는 하나님과의 언약마저 도구와 수단으로 바꿔버린다.

그렇다면 목표와 함께 무엇을 추구해야 할까? 호랑이는 죽어서 가죽을 남기고, 사람은 죽어서 이름을 남긴다는 옛말을 생각해보자. 누군가를 추억하거나 기념할 때, 우리는 그가 어떤 삶을 살았는지 떠올린다. 하지만 그의 삶 전체를 낱낱이 알지는 못한다. 다만 그의 삶에서 특정한 '일관성'을 찾아 그것을 추억한다.

우리는 한 사람의 삶에 나타나는 일관성을 '가치'라고 부른다. 누군가의 죽음 앞에서 사람들은 남겨진 가치를 보고 그의 삶을 평가한다. 가치가 선하고 뚜렷하면 칭송하고, 흐릿하면 그만큼 흐릿하게 기억한다. 가치는 삶의 방향키이다. 가치가 뚜렷한 사람이 늘 확신에 차 있는 건, 그 덕분이다. 방향키가 튼튼하니 언제 어디서나 떳떳하게 살 수 있는 것이다.

지금, 당신은
무엇을 따라가고 있는가

가치가 분명했던 성경 인물 중에 사도 바울이 있다. 그는 자신이 믿는 가치에 관해 결코 타협할 줄 모르는 사람이었다. 신약성경 갈라디아서 2장에는 이방인 그리스도인들과 식사하다가, 유대인들이 찾아오자 - 이방인과 함께 식사했다고 비난받을까 봐 - 자리를 피한 베드로 이야기가 기록되어 있다. 이때 사도 바울은 - 이방인의 사도답게 - 이방인과 유대인을 달리 대하는 베드로에게 일침을 가한다.

당신은 유대 사람인데도 유대 사람처럼 살지 않고

이방 사람처럼 살면서,

어찌하여 이방 사람더러 유대 사람이 되라고 강요합니까?

(갈 2:14 중에서, 새번역).

예수님의 수제자이자 슈퍼 대선배인 베드로의 면전에서도 사도 바울은 거침이 없다. 옳다고 여긴 가치가 워낙 명확하기 때문이다. 누구 앞이든, 그는 흔들리지 않았다. 순교 당하는 순간까지도.

삶의 방향키인 '가치'가 탄탄한 덕분이라고 생각한다. 그는 자신에게 소중한 것이 무엇인지 잘 알고 있었다. 그래서 망설이거나 후회하지 않았고, 언제 어디서나 비굴한 법이 없었다. 그래서 사도 바울의 삶은 이해하기 쉽다. 가치가 선명하고, 행동이 그 가치를 자연스럽게 따라가니 복잡하지 않은 것이다.

우리나라에서 쉽게 치료할 수 있는 질병이 아프리카에서는 치사율 높은 중병이 되는 경우가 있다. 의료 시설 부족 때문인데, 그중 하나가 말라리아이다. 말라리아 처방을 내리려면 피검사를 해야 하는데, 검사용 현미경이 없어서 말라리아에 걸린 줄도 모르고 죽어가는 사람이 많은 것이다. 그래서 마누 프라카시Manu Prakash 라는 한 과학자가 종이 재질에 1달러가 채 안 되는 가격으로 '아프리카 맞춤형' 현미경을 만들었다. 허접하게 느껴지겠지만, 그의 현미경은 2천 배까지 확대 가능해서 말라리아균을 발견하는 데 전혀 문제가 없었다.

하지만 인간 혈액은 다양한 혈구와 혈장의 혼합물이라, 현미경 관찰만으로 말라리아균을 발견하기란 사막에서 바늘 찾기 같은 일이었다. 이를 해결하기 위해 흔히 원심분리기를 사용하는데, 이 장비는 현미경보다 비싸고, 구입한다 해도 전기 공급이 원활하지 않은 아프리카 상황에서 무용지물일 확률이 높다. 그래서 마누 프라카시

  거꾸로 세계관: 게임 편

는 원심분리기까지 발명한다. 역시 아프리카 맞춤형으로! 어릴 때 갖고 놀던 실팽이에서 영감을 받아, 전기가 필요 없는 20센트짜리 원심분리기를 만든 것이다.

아프리카 사람들이 불쌍하기도 했지만, 과학자로서 그는 잘사는 나라들만 과학의 혜택을 누리는 것이 부당하다고 생각했다. 인도 출신인 자신도 가난한 환경에서 비슷한 경험을 했기에, 과학의 발전을 보급이 따라가지 못하는 상황을 바꾸고 싶었다. 현재 그는 자신의 종이 현미경을 전 세계 가난한 국가의 교육 현장에 보급하려고 애쓰고 있다. 누구나 맨눈으로 볼 수 없는 세계를 보고 새로운 꿈을 꾸게 되길 바라는 마음으로 말이다.

마누 프라카시는 과학자로서 분명한 태도를 지니고 있다. 과학으로 인권을 향상시킬 수 있다고 여기는 그는, 자신이 소중하다고 믿는 바를 따라 과학을 하고 있다. 단순히 좋아하거나 공부를 잘해서 과학자가 된 게 아니란 이야기다.

마누 프라카시의 TED 강연을 들어보자.

목표를 이루는 것은 가치를 따라가는 과정 – 전체나 최종이 아니라 – 중 일부라고 생각한다. 우리 삶을 이끄는 건 타인을 압도하는 재능이 아니다. '뭣이 중한지' 깨닫고 찾을 때, 진정 가치 있는 것을 발견하고 추구할 때, 삶은 비로소 움직이기 시작한다.

기다림이 존재하는 세상

'어쨌든 결과가 좋으면 된 것 아닌가?'

평소 이런 생각과 말을 자주 한다면, 과정보다 행위의 결과를 중요하게 여길 가능성이 크다. 그런데 이런 태도는 마지막으로 살펴볼 결과주의 세계관과 관련이 깊다.

현대사회를 지배하는 세계관 중 하나인 결과주의는 - 이름 그대로 '결과'가 중요하기에 - 효율을 중요 가치로 여긴다. 그리고 최대한 효율적으로 살아야 한다고, 그것이 추구할 가치이자 미덕이라고 우리를 압박한다.

결과주의가 백 퍼센트 불필요하고 잘못되었다는 말은 아니다. 하지만 결과로만 세상을 바라보면 심각한 문제가 발생할 수 있다. 원하는 결과가 나오지 않거나 결과가 더디게 나올 때 특히 더 그렇다.

결과로 모든 것을 평가하기에, 결과주의에서는 중간 과정도 오직 특정 결과를 위해 존재한다. 그런데 끝내 원하는 결과가 나오지 않으면? 중간 과정도 무의미해진다. 중간 과정이 길고 어려울수록 치명적이다. 준비 기간이 길어지면, 기다림의 의미를 해석하지 못해

지치거나, 의미를 찾지 못해 무미건조하게 살거나, 불안에 떨게 된다. 대학 입시를 생각해 보라. 중학교 1학년부터 따져도 결과가 나오기까지 6년이나 걸린다. 그러니 '오늘 하루가 중요하다'라는 말이 와 닿지 않는 것이다.

결과주의는 인생 해석의 폭을 극단적으로 좁혀 버린다. 수십 년 세월을 결과 한 방으로 해석하기도 한다. 다양한 이야기를 가진 사람에게는 비극적인 일이다.

또한 결과주의는 사람을 조급하게 만든다. 결과가 중요하니 빨리 나와야 하는 것이다. 효율이 최우선 가치가 된 것은 그 때문이다. 세상과 사회에서는 이런 현상을 '편리성·효율성 추구'로 포장한다. 물론 우리도 어느새, 요즘 표현으로 '효율충'이 되어버렸다.

물론 효율은 나쁜 것이 아니다. 아니, 좋은 것이다! 하지만 그리스도인이라면 기억해야 할 것이 있다. 하나님이 세상 모든 것을 효율적으로 살아가게 창조하신 것은 아니라는 사실이다.

"오늘 심고 내일 자라기를 바라지 마라."

일본 애니메이션 〈늑대아이〉Wolf Children, 2012 에 나오는 명대사이다. 그렇다. 하나님은 세상에 '기다림'을 주신다.

오늘 새싹이 내일 나무 되지 않고, 지금 시내가 30분 뒤 바다 되지 않는다. 사람도 마찬가지다. 어제 한 시간 공부했다고 오늘 그만

 8장. 아는 만큼 무섭지 않은 하늘

큼 성적이 오르지 않는다. 오히려 성적이 떨어지기도 한다. 이런 과정을 견디며 하루, 이틀, 일주일, 한 달 공부하다 보면 어느 순간, 모르던 것을 이해하게 된다. 이것이 하나님이 세상을 창조하신 원리이다. 그분은 세상을 가상화폐 차트처럼 들쭉날쭉하게 짓지 않으셨다.

요즘처럼 할 일 많고 바쁘게 돌아가는 시대에, 이런 하나님의 창조 의도는 선뜻 받아들이기 어렵다. 사회는 지금도 최대한 '웨이팅' Waiting 을 줄이는 쪽으로 가고 있다. 하지만 기다림은 창조 원리이므로 누구도 피해갈 수 없다. 기다림을 최소화하는 프로그램은 만들 수 있겠지만, 자연 만물과 인간까지 그럴 수는 없다.

결과에 도달하는 과정에서도 의미를 찾아야 한다. 그래야 결과 나오기 전에도 조급해하지 않고 현재에 만족할 수 있다.

급행이 필요할 때, 완행이 필요할 때를 아는 지혜

성경에는 '기다림의 극치'를 깨달은 달인이 여럿 등장하는데, 제일 먼저 생각나는 건 요셉이다. 그는 형들의 질투로 타국에 팔려가 노예 신분과 죄수 신분을 거쳐 이집트 총리에 오른 특이한 이력의 소유자다.

요셉은 어린 시절 꿈을 두 번 꾸었다. 형들의 곡식 단이 자신의 곡식 단에 절하고, 해와 달과 열한 별이 자신에게 절하는 내용이었다.

그는 순진하게도 꿈 내용을 술술 불었고, 형들의 노여움을 사 이집트에 노예로 팔리는 봉변을 당했다.

그렇다면 요셉의 꿈은 언제 이뤄졌을까? 총리가 되었을 때? 그렇게 생각할 수도 있다. 갖은 고초 끝에 이집트 이인자의 부와 권력을 거머쥔 순간이니 말이다. 하지만 실제로 그의 꿈은 조금 뒤에 이루어졌는데, 바로 7년 풍년을 거쳐 7년 가뭄이 찾아왔을 때이다.

심각한 가뭄으로 온 가족이 쫄쫄 굶게 되자, 요셉의 아버지 야곱은 이집트가 흉년을 대비해 곡식을 쌓아두었다는 소문을 듣고 아들들을 보낸다. 마침내, 요셉이 자신을 노예로 판 형제들과 재회할 순간이 온 것이다.

당연히 동생을 알아보지 못한 형들은, 얼굴을 땅에 대고 요셉에게 절했다. 이때가 요셉의 꿈이 이루어진 순간이다. 그런데 이 장면에서, 지나치기 쉬운 중요한 말씀이 나온다.

> 그때에 요셉은 형들을 두고 꾼 꿈을 기억하고,
> 그들에게 말하였다(창 42:9a, 새번역).

영어 성경에는 이렇게 되어있다.

> Then he remembered his dreams about them
> and said to them(NIV).

     8장. 아는 만큼 무섭지 않은 하늘

문장 맨 앞에 놓인 단어 'Then'의 사전적 의미는 다음과 같다.

'그때, 과거·미래의 특정한 때를 가리킴.'

요셉이 바로 '그때' 자신의 꿈을 기억했다는 의미이다. 별 뜻 없어 보이는 이 표현은 기다림이 힘든 우리에게 큰 시사점을 남긴다.

노예로 지낼 때, 억울하게 죄수로 갇혔을 때, 요셉은 어떤 심정이 었을까? 우리는 착각하기 쉽다. 그가 이런 생각으로 힘든 시절을 버 텼을 거라고 말이다.

'하나님이 꾸게 하신 꿈이 있잖아! 지금은 억울한 일을 당하지만,
내 인생이 이렇게 끝날 리 없어! 꿈은 반드시 이뤄질 거야!'

하지만 요셉은 어릴 적 꿈을 마음에 품고 살지 않았다. 까먹고 있 다가, 형들이 절하는 순간 기억한 것이다.

'아 맞다! 형들이 나한테 절하는 꿈을 꿨었지.
내가…. 그랬지. 그랬어.'

그렇다면 요셉은 어떻게 그 길고 암울했던 시절을 버틸 수 있었을 까?

언약궤를 메고 블레셋 군대 앞에 나선 이스라엘 백성은 결과만 생

각했다. 그래서 조급해졌다. 원하는 결과를 빨리 얻어야 한다는 생각에 사로잡혔다. 그래서 과정을 간과하는 실수를 저질렀다. 하지만 요셉은 결과에 매달리지 않았다. 꿈의 성취가 힘든 시기를 버티게 한 것이 아니었다. 그가 좋은 결과에 집착하지 않고 어려운 과정을 충실히 견딘 것은, 하나님과 동행한 덕분이었다.창 39:3, 39:21, 41:38

어릴 적 꿈만 생각하며 결과에 매달렸다면, 요셉은 자신의 삶을 이해하지 못했을 것이다.

'분명히 하나님 주신 꿈이 있는데, 내 삶은 왜 이 모양이지?'

하지만 요셉은 그런 실수를 범하지 않았고, 하나님은 그의 이야기를 해피엔딩으로 마무리하셨다. 요셉은 결과주의의 틀을 벗어난 사람이었다.

오늘날에도 과정을 소중히 여기는 사람들과 그들이 만들어낸 문화가 존재한다. 일본 요코하마의 '거북이 택시'도 그중 하나이다.

택시는 보통, 시간 없고 급할 때 목적지에 빨리 가려고 탄다. 그런데 혹시 택시 속도가 너무 빠르다고 느껴질 때가 있지 않은가? '거북이 택시'는 모든 손님이 목적지까지 빨리 가기 원하는 것은 아니라는 사실에서 착안한 택시이다. 내부 좌석에 '천천히' 버튼이 있는데, 이것을 누르면 기사는 속도를 줄이고 여유 있게 운전한다.

이런 택시를 누가 탈까? 언뜻 보기에는 손님이 없어 금방 망할 것

     8장. 아는 만큼 무섭지 않은 하늘

같은데, 그렇지 않은 모양이다. 열 대로 시작한 거북이 택시는 찾는 손님이 늘어 지금은 다른 지역에서도 운행 중이다. 주요 손님으로는 임산부나 노약자, 그리고 택시에서 푹 자고 싶은 사람이라고 한다. 또한 관광객을 위한 투어 서비스도 제공하기 시작했다. 택시가 너무 씽씽 달리면 주변 풍경을 즐기기 어렵지 않겠는가?

결과주의는 과정에서 경험할 수 있는 많은 것을 보지 못하게 한다. 천천히 움직이는 창조 세계를 두고 우리만 '빨리빨리'를 외치며 발을 동동 구르고 있는 건 아닌지 돌아볼 일이다.

나의 하늘 탐사기

나는 게임을 학창 시절부터 즐겼다. 당연히 게임 속 세계관에 그대로 노출된 채 살았다. '게임 하늘'의 위협을 느낀 적이 있긴 했지만, 그것을 깨닫게 된 결정적 계기는 따로 있다.

게임 회사에서 일하던 시절, 게임 하나를 분석해서 발표한 적이 있다. 같은 색깔의 캔디 세 개 이상을 한 줄로 맞추면 캔디가 파괴되고, 이를 통해 주어지는 미션을 해결하는 〈캔디 크러시 사가〉Candy Crush Saga, 킹, 2012 라는 단순한 게임이었다. 나는 이 게임의 인기 비결과 매출 요인을 분석했다.

먼저 열심히 게임을 했다(분석해야 하니까!). 처음에는 재미있었다. 그런데 할수록 화가 났다. 클리어하기 어렵기 때문이었다. 이유는 간단하다. 캔디가 부서지면 새로운 캔디가 빈자리를 채우는데, 그게 완전 '랜덤'으로 결정되기 때문이다. 쉽게 말해 운(?)이 나쁘면 깰 수 없는 것이다. 클리어하는 유일한 방법은 필요한 색깔의 캔디가 나올 때까지 계속 도전하는 것이다.

이 게임을 분석하면서 왜 사람들이 여기 돈을 쓰는지 알게 되었다. 게임 때문에 화가 나서, 문제를 극복하기 위해서였다. 〈캔디 크러시 사가〉는 하늘(?)이 돕지 않으면 유료 아이템으로도 미션을 깨지 못한다. 사람들은 더 많은 돈을 써서 더 많은 아이템을 구매한다. 그러다가 어느 순간, 운을 돈으로 커버하게 된다. 비로소 쉽게 미션을 클리어하는 단계에 이른 것이다.

그런데 이 지점에서 의문이 생겼다.

'돈을 써야 클리어할 수 있다면, 게임을 무슨 재미로 하지?'

처음에는 오랜 시간 매달리던 미션을 클리어해서 기분 좋았다. 하지만 이 과정이 반복된다면? 운이 없어 미션을 깰 수 없으면 돈을 써야 한다. 그렇다면 나는 도대체 이 게임에서 뭘 하는 걸까? 캔디를 조작하는 내 행동은 무슨 의미가 있을까? 어차피 클리어 여부는 운에 달렸고, 못 깨면 돈을 써야 하는데?

이런 생각이 들자, 재미가 없어졌다. 그 게임 속 세계관을 눈치챈 것이다.

〈캔디 크러시 사가〉는 운명론적 세계관에 물질주의를 끼얹은 게임이다. 내 노력과 상관없이 '운'이라는 절대 요소에 운명이 결정된다. 운명에서 벗어나는 길은 돈을 쓰는 것뿐이다. 돈을 쓰고 싶지 않다면? 시간을 갈아 넣어야 한다. 운명이 내 손을 들어줄 때까지.

이 사실을 깨닫고 몹시 불쾌했다. 분석을 마친 뒤 나는 그 게임을 그만두었다. 내가 호구처럼 느껴졌기 때문이다. 게임이 나를 마음대로 휘두르게 놔두고 싶지 않았다. 이런 생각을 하게 된 것은, 게임 뒤에 숨은 세계관을 포착했을 때였다.

게임 속 세계관을 어떻게 눈치챌 수 있을까? 무슨 말인가 싶겠지만, 게임할 때 인간으로서의 자존심을 세우면 된다.

게임 하면서 마음 상하는 상황을 방치하면 안 된다. 게임이 시키는 대로 호락호락하게 움직여주지 않아야 한다. 그리고 질문을 던져야 한다. 혼자 하기 힘들면 신뢰할 수 있는 지인이나 영적 지도자에게 도움을 청하라. 세계관의 변화는 고통을 감지하는 것에서 시작된다. 여러분 자신을 게임보다 존귀하게 여기는 바로 그 마음이, 게임 하늘의 위협에서 자신을 지키는 가장 강력한 방패가 될 것이다.

   거꾸로 세계관: 게임 편

이제, 생각을 **업데이트**할 때

새로운 세계관의
필요성

게임 속 세계관은 많은 사람을 불행하게 한다. 이 세계관들은 왜 인간을 불행하게 만드는 걸까? 그리고 기독교 세계관은 왜 우리를 건강하게 할까? 그 차이는 '출제자의 의도'를 얼마나 이해하고 있는가에서 비롯된다. 무슨 소리냐고?

하나님은 이 세상 모든 것에 의도를 담으셨다. 우리는 성경을 통해 인간이 어떤 존재이고 세상이 어떤 곳인지 이해할 수 있다. 설계도를 이해하고 건물을 지어야 부실공사가 없듯, 창조자의 의중을 파악해야 탈 없이 살아갈 수 있다.

게임 속 세계관과 기독교 세계관을 비교해보면, 전자가 하나님의 창조 의도를 더 잘 반영했다고 할 수 있다. 게임 속 세계관에 하나님의 창조 원리가 전혀 들어 있지 않다는 뜻은 아니다. 경쟁, 약육강식, 목적 등은 창조 세계에서도 발견할 수 있는 것들이다. 하지만 그것이 하나님이 의도하신 창조 세계의 전부는 아니다. 하나님 만드신 세상에는 그보다 훨씬 깊고 넓은 의미가 있다. 그리고 그 의미를 가장 잘 담아낼 그릇이 바로 기독교 세계관이다.

그래서 우리는 기독교 세계관을 공부해야 한다. 탈 없이, 건강하게 살기 위해서 말이다. 거듭 말하지만, 기독교 세계관은 지식체계 확장이 아니라, 우리의 행복을 위한 것이다. 나 역시 그 이유로 기독교 세계관을 공부하기 시작했다.

나의 세계관 공부 이야기

"당신의 삶을 관통하는 키워드를 하나 고른다면?"

누가 이렇게 묻는다면, 나는 주저 없이 답할 것이다.

"행복입니다."

누구나 그렇듯, 나도 행복을 추구하며 살고 있다. 물론 그 과정이 그렇게 순탄하지는 않았다.

소위 '강남 8학군'에서 태어나, 대한민국 학생이라면 누구나 겪는 입시와 성적 증명의 과정을 격하게 겪었다. 당시에도 나는 행복을 느낄 틈을 어떻게든 찾곤 했다. 아침 7시 반에 시작해서 밤 11시에 끝나는 학원에 다니면서도 말이다. 친구들이 좋고, 게임이 좋고, 음악 듣는 것이 즐겁고, 도심에서 이따금 마주치는 자연의 느낌이 좋았다. 자전거를 타고 친구들과 강가에서 놀았다. 혼자 음악을 듣고 가사를 썼다.

스무 살에 주님을 인격적으로 만난 뒤, 교회 공동체에서 본격적으로 신앙생활을 시작했다. 놀랍게도 교회 공동체 식구들은 내 '행복 포인트'를 잘 이해해 주었다(내 주변 사람들은 그 반대였다). 나는 내가 특이한 사람이라고 생각했는데, 교회 식구들은 자기도 그렇다며 진심으로 공감해 주었다. 이 차이가 무엇 때문인지 너무 궁금했다.

그러다가 그 원인이 기독교 세계관이라는 걸 깨달았다. 어린 시절 들었던 행복에 관한 메시지가 어떤 세계관에서 비롯된 것인지, 내가 왜 그 메시지에 적응하지 못했는지, 내가 왜 특정한 것들을 소중하게 여기는지도 알게 되었다. 기독교 세계관으로 여태까지의 답답함이 시원하게 정리된 것이다.

그러고 나니 타인의 삶도 이해되기 시작했다. 예전의 나는 내 행복에 매몰되어 살았다. 다른 사람들이 무엇에 행복해하는지 별 관심이 없었다. 내 행복을 이해하지 못하는 사람들도 이해하지 못했다.

 거꾸로 세계관: 게임 편

그런데 세계관을 통해 그들의 행복에도 관심이 생겼다.

행복을 추구하는 방향이 다를지라도, 적어도 이해는 할 수 있었다. 대화하며 공존할 수 있게 되었다. 내 행복을 다른 사람과 나누고 설득할 언어를 갖게 된 것이다. 그 과정에서 만난 사람들도 서로의 차이를 인정하며, 내 행복을 존중해 주었다.

또한 세계관을 공부하면서 나는 무언가를 선택할 때, 전보다 덜 헤매게 되었다. 전에는 내 행복을 위해, 즉흥적으로, 하고 싶은 대로 선택했던 것 같다. 그래서 결과가 안 좋거나, 좋아도 어딘가 찜찜할 때가 많았다. 그런데 세계관을 배우면서 과거에 했던 선택을 이해할 수 있었고, 결정하는 데 자신감이 붙기 시작했다. 선택의 기로에서 망설이거나 고민할 요소도 줄었다. 내가 추구할 삶의 방향을 알게 된 덕분이다. 성능 좋은 나침반이 생긴 것 같았다.

세계관을 공부해서 나는 더 행복해졌는가? 완전, 완전 그렇다. 내가 세계관을 공부하게 된 건 분명 행복 때문이었다.

세계관 공부를 위한
꿀팁

세계관을 공부해서 더 나은 삶을 살게 된 것은 맞지만, 과정이 쉽지는 않았다.

첫 번째 난관은 너무 어렵다는 것이었다. 관련 서적을 읽을 때마다 그랬다. 글을 이해하는 것부터 쉽지 않았다. 기독교 세계관 책들은 철학 덕후 정도는 되어야 읽을 수 있을 것 같았다.

당연한 일이었다. 세계관은 세계가 어떻게 구성되고 무엇이 소중한 것인지 설명한다. 엄청나게 넓고 깊은 개념을 다루는 것이다. 그런 것을 어떻게 짧고 단순하게 설명할 수 있겠는가. 그래서 세계관 연구하는 분들은 별의별 서적과 논문을 읽고, 수없이 글을 썼다 지웠다 하며 평생에 걸쳐 책 한 권을 쓴다고 한다.

두 번째 난관은 내용이 별로 와닿지 않는다는 것이었다. 너무 거대하고 깊은 이야기를 다루다 보니, 현실감 없는 옛날 전래동화 같았다. '그래서 이게 지금 나랑 무슨 상관이 있나요?'라는 질문이 끊어지지 않았다. 내 삶에 도움이 되겠다 싶으면 내용이 어려워도 배우려고 애쓸 텐데, 전혀 그렇지 않았다.

다행히도, 지금의 나는 그런 문제를 겪고 있지 않다. 여러 좋은 선생님에게 도움받은 덕분이다. 여러분도 그런 선생님을 찾아보기 바란다(귀띔하자면, 그리 멀리 계시지 않을 것이다).

어렵고 마음에 와닿지 않는다는 소리에 낙담하기에는 아직 이르다. 세계관을 공부하는 데 도움이 될 몇 가지 조언으로 책을 마무리하려고 한다.

첫 번째, '당연하다'라는 고정관념은 버리고 '왜?'라고 질문하라.

   거꾸로 세계관: 게임 편

모든 세계관이 이 단순한 질문에서 출발한다. 물론 처음에는 '왜?'라는 의문을 품기가 쉽지 않을 것이다. 용기도 잘 나지 않는다. 다들 당연하게 여기는 것에 의문을 품는 것이니 자연스러운 일이다.

나는 예술 작품을 접하며 그 길을 찾았다. 문화예술계에는 다들 당연하게 여기는 것에 의문을 품은 선배들이 많았다. 그들이 남긴 수많은 문학 작품, 미술 작품, 영화, 연극, 만화가 "당연하게 보이는 것이 사실 당연한 것이 아니었어"라고 이야기해 준다. 때로는 스스로 느끼고, 때로는 다른 사람의 해석을 참고해서 작품을 감상했다.

세계관 공부의 첫걸음은 '당연하게 보이는 것이 사실 당연한 게 아니었어!'라고 깨닫는 거라고 생각한다. 이 과정이 선행되면 자연스럽게 '그럼 이거 말고 다른 건 뭐가 있는데?'라는 다음 질문으로 나아갈 수 있다.

두 번째, 사람들과 함께 모여 공부하라. 세계관은 독학이나 '혼공'에 적합하지 않은 주제라고 생각한다.

스마트 기기의 발달로 지식을 쉽게 접할 수 있는 시대라, 독학이나 혼공을 선호하는 사람이 많다. 하지만 세계관 공부는 단순한 정보 습득과 다르다. 혼자 세계관을 접하면 배운 바를 점검할 수 없다. 그래서 가능하면 영적 지도자의 도움을 받아 함께 공부하는 것이 좋다. 배운 것을 나누고 토론하는 과정에서 자신의 세계관을 점검하고 타인의 견해를 들으며 세계관이 확장될 수 있다. 그 어려운 세계관 공부가 재미있어지는 건 '덤'이다.

    9장. 이제, 생각을 업데이트할 때

세 번째, 현실에서 세계관의 소재를 찾아보라. 세계관은 먼 데 있지 않다. 주변에서 세계관과 그 영향을 찾아보고, 그것부터 공부해 보자. 익숙한 것에서 세계관을 찾아내면 훨씬 쉽고 재미있지 않겠는가? 내가 게임을 소재로 세계관 책을 쓴 것도 이와 무관하지 않다.

처음에는 현실에서 세계관을 찾기가 쉽지 않을 것이다. 일상에서 세계관이 바로 드러나는 경우가 거의 없기 때문이다. 하지만 세계관 문제가 수면 위로 올라올 때가 있다. 갈등 상황에서다. 모든 갈등이 세계관 때문에 생기는 건 아니지만, 잘 들여다보면 세계관의 단서를 찾을 수 있을 것이다. 무엇이 소중한지 설명하는 것이 세계관이기 때문이다.

갈등은 소중한 것이 충돌할 때 일어난다. 겉으로는 감정 때문인 것 같아도, 사실은 소중한 것을 두고 싸우는 경우가 많다. 그리고 소중한 것이 드러나는 곳에는 반드시 세계관이 끼어들게 마련이다. 자신이 관련된 갈등은 마음이 너무 아프거나 주관적으로 될 수 있으니, 다른 사람들의 갈등부터 살펴보자. 주변 사람들의 갈등, 과거 자신이 겪었으나 이제는 해결된 갈등, 우리나라나 전 세계에 만연한 갈등 등을 곰곰이 생각해 보라.

마지막 네 번째, 성경과 함께 철학 서적도 읽어보자. 특정 철학자의 책보다 철학 전반을 넓게 다룬 책을 보는 것이 좋다. 쉬운 입문서부터 시작해 보자. 세계관 공부에 철학이 필요한 이유는, 세계관 관련 도서에 철학 용어가 자주 등장하기 때문이다. 그래서 철학 언어를 맛보는 경험은 세계관 책을 읽는 데 도움이 된다.

이 방법이 중요한 또 다른 이유는, 기독교 세계관 서적에 기독교의 진리를 인정하지 않는 철학을 비판하는 내용이 많기 때문이다. 철학을 모르면 기독교 세계관이 무엇을 비판하는지 이해하기 어렵다. 그래서 철학사와 철학 용어를 어느 정도 익혀둘 필요가 있다. 물론 너무 깊게 파고들 필요는 없다! 부끄럽게 생각하지 말고 쉬운 철학책을 사서 읽어보기 바란다.

묻고, 생각하고, 토론하고, 살아가라

지금 시대에 세계관은 인기가 없다. 다들 현실을 살아내기 바쁘고 벅차다. 하지만 누구도 속 시원한 답을 주지 못하고 있다. 세상은 불확실할수록 철저히 대비해야 한다며, 온갖 것을 준비하라고 등을 떠민다. 해야 할 일의 홍수 속에서, 우리는 '왜'라는 질문을 잃어버렸다.

그러나 거듭 강조하지만, 세계관은 중요하다. 인간은 불확실한 미래를 모조리 예상할 수 없고 대비할 수 없다. 그럴수록 우리는 멈춰서, '그래서 내 삶에서 뭐가 중요하지?'라고 자문해야 한다. 무엇이 소중한지, 그것이 왜 중요한지 기독교 세계관이 알려줄 것이다.

소중한 것이 무엇인지 알고 점검을 마친 삶은 어떤 상황에도 요동하지 않는다. 그런 사람은 소중한 것을 지키기 위해 매일 최선을 다해 살아간다. 온 세상이 요동하고 두려워할 때도 고고하게 서 있을 수 있다. 이것이 그리스도인이 불확실성에 맞서는 방식이다.

힘든 시기를 살아내고 있는 여러분을 진심으로 응원한다. 혹시라도 좌절의 순간이 찾아온다 해도, 기억해 주면 좋겠다. 당신은 결코 혼자가 아니다. 당신이 겪는 일도 당신 혼자 겪는 일이 아니다. 하나님은 좌절한 엘리야에게 '우상에게 무릎 꿇지 않은' 7천 명을 보여주셨다. 이 책을 읽는 여러분에게도 같은 은혜가 임할 것을 믿는다. 그리고 여러분의 7천 명 중에 나도 슬쩍 끼어있을 것을 약속한다. 세계관을 공부하는 청년들, 게임 속 세계관에 맞서려는 여러분을 최선을 다해 응원할 것이다.

게임과 세계관에 관해 더 많은 궁금증을 품고 더 많이 공부하며 더 많이 토론하라. 그리고 그렇게 살아보라. 주께서 우리 모두를 도우실 것이다.

부록.

게임 하늘 비행계획서		
오늘의 게임		**날짜**
이륙 시간	예상 착륙 시간	실제 착륙 시간

예상과 실제 게임 시간이 달랐다면, 이유가 무엇인가요?

비행하기 전에 내 기분은?(가장 두드러진 기분 하나만)	비행한 다음 내 기분은?(가장 두드러진 기분 하나만)

비행하기 전 기분을 숫자로 표시한다면?

1 ┆ 2 ┆ 3 ┆ 4 ┆ 5 ┆ 6 ┆ 7 ┆ 8 ┆ 9 ┆ 10

비행한 다음 기분을 숫자로 표시한다면?

1 ┆ 2 ┆ 3 ┆ 4 ┆ 5 ┆ 6 ┆ 7 ┆ 8 ┆ 9 ┆ 10

비행 전후로 기분이 바뀌었다면, 이유가 뭐라고 생각하나요?

비행 중 좋았던 순간과 그렇게 생각하는 이유는?	비행 중 안 좋았던 순간과 그렇게 생각하는 이유는?

오늘의 비행 만족도를 숫자로 표시한다면?

1 ┆ 2 ┆ 3 ┆ 4 ┆ 5 ┆ 6 ┆ 7 ┆ 8 ┆ 9 ┆ 10

오늘의 비행이 만족스럽지 않았다면(4 이하), 그 이유는 무엇일까요?

'게임 하늘' 외에, 당신이 만족을 얻을 다른 하늘이 있다면 무엇일까요?

오늘 한 게임의 내용과 메시지에 동의하나요? 그렇게 생각하는 이유는 무엇인가요?

오늘 비행을 통해 느낀 점이 있다면, 무엇인가요?

<table>
<tr><td colspan="3" align="center">게임 하늘 비행계획서</td></tr>
<tr><td colspan="2">오늘의 게임　브롤 스타즈</td><td>날짜　20○○. ○. ○.</td></tr>
<tr><td align="center">이륙 시간</td><td align="center">예상 착륙 시간</td><td align="center">실제 착륙 시간</td></tr>
<tr><td align="center">오후 2:45</td><td align="center">오후 3:30</td><td align="center">오후 3:35</td></tr>
</table>

예상과 실제 게임 시간이 달랐다면, 이유가 무엇인가요?

3시 30분 조금 전에 한 판이 끝났는데, 져서 기분이 나빴다. 막판은 이겨야지.

비행하기 전에 내 기분은?(가장 두드러진 기분 하나만)	비행한 다음 내 기분은?(가장 두드러진 기분 하나만)
별 이상 없었다	막판 이겨서 기분 좋다

비행하기 전 기분을 숫자로 표시한다면?

1 ｜ 2 ｜ 3 ｜ 4 ｜ ⑤ ｜ 6 ｜ 7 ｜ 8 ｜ 9 ｜ 10

비행한 다음 기분을 숫자로 표시한다면?

1 ｜ 2 ｜ 3 ｜ 4 ｜ 5 ｜ 6 ｜ 7 ｜ ⑧ ｜ 9 ｜ 10

비행 전후로 기분이 바뀌었다면, 이유가 뭐라고 생각하나요?

막판에 졌으면 기분이 정말 나쁠 뻔했다. 그래도 막판을 이겨서 다행이다.
막판을 이기면 왠지 다 이긴 것 같은 기분이 든다.

비행 중 좋았던 순간과 그렇게 생각하는 이유는?	비행 중 안 좋았던 순간과 그렇게 생각하는 이유는?
막판 이겼을 때	그 전 판을 졌을 때

오늘의 비행 만족도를 숫자로 표시한다면?

1 ｜ 2 ｜ 3 ｜ 4 ｜ 5 ｜ 6 ｜ ⑦ ｜ 8 ｜ 9 ｜ 10

오늘의 비행이 만족스럽지 않았다면(4 이하), 그 이유는 무엇일까요?

'게임 하늘' 외에, 당신이 만족을 얻을 다른 하늘이 있다면 무엇일까요?

잘 모르겠음

오늘 한 게임의 내용과 메시지에 동의하나요? 그렇게 생각하는 이유는 무엇인가요?

잘 모르겠음

오늘 비행을 통해 느낀 점이 있다면, 무엇인가요?

막판을 이기고, 시계를 보니 폭판했던 시간에 5분이 지나있었다. 약속한 시각을 겨우겨우 맞췄다.
막판을 이길지, 질지 미리 알 수가 없는데···. 막판에 지고 게임을 끄기가 어렵다.
막판에 지고도 괜찮을 방법을 생각해 봐야겠다.

게임 하늘 비행계획서

오늘의 게임	리그 오브 레전드	날짜	20○○. ○. ○.

이륙 시간	예상 착륙 시간	실제 착륙 시간
오후 7:37	오후 8:00	오후 9:23

예상과 실제 게임 시간이 달랐다면, 이유가 무엇인가요?

중간에 상대편이 버텨서 길게 늘어진 판이 있었다. 그리고, 그냥 더 하고 싶었다.

비행하기 전에 내 기분은?(가장 두드러진 기분 하나만)	비행한 다음 내 기분은?(가장 두드러진 기분 하나만)
별 느낌 없었다.	중간에 열받다가 마지막에 좀 괜찮아졌다.

비행하기 전 기분을 숫자로 표시한다면?

1 | 2 | 3 | 4 | (5) | 6 | 7 | 8 | 9 | 10

비행한 다음 기분을 숫자로 표시한다면?

1 | 2 | 3 | 4 | 5 | 6 | (7) | 8 | 9 | 10

비행 전후로 기분이 바뀌었다면, 이유가 뭐라고 생각하나요?

일찍 끝날 판이었는데 우리 편 한 명이 방심하다 자꾸 죽어서 길어졌다.
이기긴 했지만, 화가 나고 결국 욕설이 잔뜩 오고 갔다. 그래도 막판을 무난하게 이겨서 다행이다.

비행 중 좋았던 순간과 그렇게 생각하는 이유는?	비행 중 안 좋았던 순간과 그렇게 생각하는 이유는?
막판을 이기고 만족하며 게임을 끈 순간	끝까지 자기 잘못을 인정하지 않는 서폿과 싸웠을 때. 말이 안 통한다.

오늘의 비행 만족도를 숫자로 표시한다면?

1 | 2 | 3 | (4) | 5 | 6 | 7 | 8 | 9 | 10

오늘의 비행이 만족스럽지 않았다면(4 이하), 그 이유는 무엇일까요?

지금도 화가 난다. 조목조목 말해줘도 안 듣고, 끝까지 자기는 잘못 없다며 남 탓만 하다니.
우리가 이긴 판이었는데, 걔 때문에 일부러 지고 싶었다.

'게임 하늘' 외에, 당신이 만족을 얻을 다른 하늘이 있다면 무엇일까요?

차라리 혼자 있는 게 나을까? 아니면 아주 친한 사람이랑 뭘 하는 것이 좋겠다. 게임마다 복불복이라는 생각이 드니까 힘들다.
게임을 하든 뭘 하든 믿음이 가고 말도 편히 할 수 있는 사람이랑 하고 싶다. 아니면 아예 신경 끄고 혼자서 뭘 하든가.

오늘 한 게임의 내용과 메시지에 동의하나요? 그렇게 생각하는 이유는 무엇인가요?

동의할 수 없다. 우리 편에 바보가 하나 있다는 이유로 안 해도 될 고생을 한 게 너무 억울하다. 하지만 쓰면서 느낀 건데, 내 잘못이
있었을지도 모르겠다. 내가 프로게이머는 아니니까. 그런데 아까 같은 상황이 되면 그런 사실을 까맣게 잊고 남 탓을 먼저 하게 된다.
안 좋은 것 같다.

오늘 비행을 통해 느낀 점이 있다면, 무엇인가요?

취업한 선배들 이야기가 오버랩된다. 게임 할 때도 이런데, 회사에서 비슷한 일이 일어나면 어떻게 해야 할까? 나는 내 역할을 충실히
하고 있는데, 다른 사람이 제 역할을 못 하거나 하기 싫어하면 어떻게 하지? 그 사람 몫까지 내가 해야 하나? 갑자기 막막해진다.
리그 오브 레전드를 할 때마다 비슷한 스트레스를 받는데, 왜 습관적으로 다시 하게 되는지 자기 연구를 해봐야겠다.

이렇게 느낀 바와 게임에 관해 아는 바를 자유롭게 적어보자.

혼자 하기 어려우면

신뢰할 수 있는 지인이나 영적 지도자의 도움을 구해보자.

좋은 대안을 찾는 데 도움이 될 것이다.

오늘의 게임

1. 담고 있는 내용이나 스토리는 무엇입니까?

2. 어떤 방식으로 플레이합니까?

3. 게임에서 다른 사람을 만나게 되면, 주로 어떤 소통을 하게 됩니까?

4. 위 내용을 종합할 때, 이 게임이 전달하는 중심 메시지가 무엇이라고 생각합니까?

5. 4번 답에 관해, 대체할 수 있는 성경적 메시지나
   저항할 수 있는 기독교 세계관에는 어떤 것이 있을까요?